회 원 · 제26집

| 강기주 |  강동기 |  강봉중 |

| 강숙자 |  강양기 |  강용숙 |  강인숙 |  고산지 |

| 고재구 |  공정식 |  곽광택 |  구자성 |  권순악 |

| 권영주 |  권오견 |  금동건 |  기 청 |  김건배 |

| 김경언 |  김관형 |  김광수 |  김근이 |  김기성 |

| 김기순 |  김기전 |  김낙연 |

(사)한국시인연대

회 원 · 제26집

김종기　　　김종원　　　김진동

김태수　　김태자　　김풍배　　김해성　　김홍래

김훈동　　남상진　　노민환　　노선관　　노준현

도경회　　류기환　　류순자　　류재상　　류한평

맹숙영　　박건웅　　박근모　　박달재　　박대순 ^시

박대순 ^{시조}　　박래흥　　박명희

(사)한국시인연대

 박 상 교
 박 서 정
 박 숙 영

 박 순 자
 박 연 희
 박 영 덕
 박 영 수
 朴 英 淑

 박 영 숙
 박 영 춘
 박 옥 위
 박 일 소
 박 종 문

 박 준 상
 박 현 조
 박 화 배
 배 갑 철
 배 동 현

 배 석 술
 서 정 남
 성 진 명
 성 환 조
 손 병 기

 손 수 여
 손 진 명
 송 연 우

회 원 · 제26집

신길수　　　신동호　　　신세현

신윤호　심종은　안숙자　안연옥　양지숙

양치중　엄원용　오낙율　오병욱　오재열

오칠선　오현철　우성영　우태훈　원수연

유경환　유나영　유영애　윤갑석　윤한걸

이근모　이기종　이동근

(사)한국시인연대

회원·제26집

임성한　　　임제훈　　　임종본

임한수　　임　향　　장동석　　장문영　　장병민

장영규　　장인숙　　장재관　　장현기　　전병철

전석홍　　전성경　　전현하　　정순영　　정영의

정종규　　정진덕　　정진희　　정창운　　정홍성

조기현　　조덕혜　　조성학

(사)한국시인연대

조재화	조정일	조혜식	지종찬	진진욱
차경섭	채규판	채동규	채명호	채수황
채행무	최광호	최기섭	최길숙	최석명
최승범	최영순	최정순	최종복	최진만
최현희	최홍규	편 문	하성용	한 빈
한승민	한재만	허만길	홍계숙	홍병선

(사)한국시인연대 2016

한국시인연대 대표시선 제26집

한강의 음유 吟遊

한강

발간사

한강의 음유吟遊
― '한국시인연대 대표시선' 제26집 발간에 부쳐

  추운 겨울을 이겨낸 봄꽃들이 다투어 피어나는 새봄을 맞이하여 한국시인연대 회원 212명 시인의 421편의 시를 한데 엮어 스물여섯 번째 사화집詞華集을 발간하니 기쁘다. 책명 『한강의 음유吟遊』라고 지었다.
  중세에 프랑스를 중심으로 하여 유럽 각지에서 계곡과 강변 등 자연 속에서 유유자적하며, 또는 봉건 제후의 궁정을 찾아다니면서 스스로 지은 시를 낭송하던 그 시대에 대표적인 시인들을 일컬어 음유시인吟遊詩人·Minstrel이라고 한다. 그들의 시는 4행시Quatrain로 발라드Ballad 형식이었다. 현대의 대표적인 음유시인은 프랑스의 자크 프레베르(1900~1977)와 미국의 밥 딜런이다. 두 시인은 대중이 공감하는 노래로서의 시를 썼다. 이브 몽탕의 '고엽'과 에디트 피아프의 '마음의 소리' 등은 우리 귀에 익은 샹송이다. 스웨덴 한림원은 "밥 딜런의 음악은 귀를 위한 시"라고 극찬하면서 그에게 2016년 노벨문학상을 주었다.
  내가 프랑스 소르본대학(파리4대학) 불문학과에 일년 동안 객원

교수로 있는 동안 한국 고전문학을 소개하는 강연에서 나는 '한국의 음유시인 김삿갓(김병연金炳淵 1807~1863)' 이라는 제목으로 그의 대표작 〈선화당〉, 〈사먹난관〉 등 서너 편을 불어로 번역하여 낭송하고 그의 시와 일생에 관하여 설명했다. 그는 한국의 대표적인 음유시인이며, 그의 시에는 자유 평등 사상과 현실 비판 정신이 깃들어 있다고 해설했더니 청중들이 모두 흥미있게 들었고 질문도 많이 했다.

내가 사화집 25집과 26집의 시를 읽고 편집하는 과정에서 발견한 몇 가지 특징 중에서 두 가지만 소개하겠다. 첫째, 사화집에 시를 수록한 시인들의 성씨姓氏가 대략 김씨 30%, 이씨 20%, 박씨 10%로 우리나라 전체 성씨 분포와 일치했다. 둘째, 실린 시의 주제를 분석하여 빈도수가 높은 순위로 열 가지만 들면 1. 가을 2. 사랑 3. 어머니 4. 눈[雪] 5. 꽃(매화, 난, 야생화 등) 6. 그리움 7. 여행(국내외) 8. 고향 9. 세월(시간의 파괴성) 10. 자연(산, 강, 바다 등)이다. 가을과 눈이 10대 주제 중에서 전반부에 드는 것은 특이한 현상으로 예상 밖의 일이다. 이와 같은 모티프motif 는 우리 회원들이 서정성이 짙은 순수시를 좋아하며 자연 순응적이며 전통적인 주제의 가치를 옹호한다고 해석할 수 있다. 유럽이나 미국 시인 등과 다르게 정치, 경제, 노동, 종교 등 잡다한 사회현상과는 일정한 거리를 두고 있다.

26집에도 많은 시인들이 참여했다. 작품의 선별과 편집 그리고 제작에는 많은 시간과 노력이 들었다. 양적으로 질적으로 우리 한국시인연대의 위상을 크게 높이는 우리 모두의 괄목할 만한 업적이다. 이 사화집은 전국에 널리 퍼져 있는 회원들이 각자 공들인 작품을 한데 모아서 공감하고 동행하는 광장이다. 사단법인 한국문화예술연대The Association of Culture and Art of Korea (최광호 이사장) 안에 있는 한국시인연대The Society of Korean Poets와 한국수필가연대The Society of Korean Essayists는 매년 작품집을 낸다. 이번에 못낸 회원들은 다음에 내기 바란다.

　사단법인 한국문화예술연대 최광호 이사장은 문화예술인들이 관심을 보이는 공익 사업을 진행하고 있다. 그의 고향 경남 고성에 문화예술 종합공원을 만들고 있다. 그 공원에 시비와 문화예술 공적비를 세우고자 한다. 최 이사장은 시간과 공간을 넘어 미래지향적인 원대한 비전을 가진 분이다. 많은 회원들의 관심과 협력을 바란다.
　우리 문인들이 문학작품을 쓰고 읽고 비평하는 것은 고전적인 정신 작업이다. 지난 150여 년 동안의 1, 2, 3차 산업혁명 속에서 우리는 독자적인 창작 작업을 우리의 생각대로 한결같이 해 왔다. 3차 산업혁명은 이제 끝무렵에 이르렀다. 요즈음 4차 산업혁명의 담론 열기가 세계적으로 뜨겁다. 4차 산업혁명은 매우 복잡하고 기대치도 다르다. 디지털과 물리·생물학 사이의 경계를 허무는 기술융합 제조업과 ICT, IoT, AI의 융합과 조화로 경제의 사회적 부가가치를 만들어 내는 차세대 산업혁명이 시작되었다. 프로세스·시스템 기술혁명으로 인류가 지금껏 경험한 산업혁명과 한 차원 다르다. 복잡한 문제 해결력과 인지력이 많이 요구된다. 신기술 플랫폼은 부를 창출한다는 낙관론이 있고 부의 불평등 문제를 심화시킨다는 신중론도 있다.
　ICT, IoT, AI 등 첨단 과학기술이 우리 인간의 사고와 창조 능력을 간섭할 수 있다는 우려를 떨쳐 버리기 힘든 단계다. 이미 글쓰기와 번역의 경계가 부분적으로 침범 당하고 있다. 과학기술은 인간 생활을 풍요롭게 하고 노동을 덜어주면서 인간을 유혹한다. 우리가 그 유혹에 쉽게 빠져서는 안 된다. 스마트폰을 조작하며 걷다가 하수구에 빠져 얼이 빠진 늙은이와 자동차 운전 중에 포켓몬고 게임을 하다가 큰 사고를 낸 분별없는 젊은이는 과학기술의 유혹에 맹목적으로 따른 사례다.
　문학은 과학기술을 초월한 인간 고유의 언어와 상상력으로 이루어지는 창작활동이다. 인간 중심의 창조적 정신세계가 4차 산업혁명이 몰고 오는 예기치 않은 융합 기술혁명에서 그 중심을 잃어서는 안 된다. 누구도 예측하기 어려운 혁신의 가속도는 단순한 디지털 3차 혁명과는 다르다. 시인은 더욱 치열한 시 정신으로 창작에 몰두해야 한다. 세상이 아무리 소란스러워도 인간 존재의 탐구와 자아발견을 위한 글쓰기는 더욱 활력을 찾아야 한다.

제25집에 이름과 사진 그리고 시가 새로 실린 시인이 20여 명 된다. 두 팔 벌려서 진정으로 환영한다. 우리는 한국시인연대 회원이며 문우 동인이다. 하나의 책에 사진과 시가 함께 실리는 것은 크고 깊은 인연이다. 신선한 새 얼굴들을 만나게 되어 설렘과 기대가 부풀어 오른다. 그들의 작품을 두세 번 읽어 보았다. 시의 주제와 서술이 짜임새 있고 균형과 절제의 미학이 시적 상상력을 선명한 감각으로 형상화하여 더욱 큰 감동의 파장을 불러일으킨다. 이 사화집이 우리나라 어느 시인 단체의 것보다 더 잘된 것이라고 자부한다. 모두 함께 자랑하고 축하하자. 한국 시문학의 새로운 이정표를 세운 성취감을 느낀다.

도덕적 해이Moral Hazards의 소지가 있는 작품, 길이가 48행이 넘어서 두 페이지에 안 들어가는 작품, 원고를 너무 늦게 보낸 회원 등 10여 명을 제외했다. 너그럽게 이해하기 바란다.

2016년 12월
(사)한국시인연대
회장 최 홍 규 崔鴻圭

(사)한국시인연대

발간사　최홍규崔鴻圭

25 / 어느 날 외 1편　강기주
27 / 이 또한 지나가리 외 1편　강동기
31 / 목숨 외 1편　강봉중
33 / 가을 외 1편　강숙자
35 / 구덕 꽃마을 외 1편　강양기
37 / 이 세상 떠나신 부모님 외 1편　강용숙
39 / 대관령 외 1편　강인숙
42 / 하늘우물 외 1편　고산지
45 / 소나기 외 1편　고재구
47 / 역사는 흐른다·26 외 1편　공정식
51 / 나는 나다 외 1편　곽광택
53 / 가을비 외 1편　구자성
56 / 추억의 장작불 외 1편　권순악
58 / 금오산 외 1편　권영주
60 / 그대의 서시 외 1편　권오견
62 / 그녀가 내 곁에 온단다 외 1편　금동건
64 / 바람의 노래 외 1편　기　청
66 / 봄의 찬가 외 1편　김건배
70 / 빨래 외 1편　김경언
72 / 덧없는 나그네의 웃음 외 1편　김관형
74 / 떨림 외 1편　김광수
76 / 환생 외 1편　김근이
79 / 불면증 외 1편　김기성
81 / 손톱을 깎아 주며 외 1편　김기순
83 / 대통령감 외 1편　김기전
85 / 내 마음의 물망초 외 1편　김낙연

목차

김남구	터미널에서 외 1편/	89
김동애	점화 외 1편/	91
김문배	순간의 존재 외 1편/	94
김문한	환승역 외 1편/	96
김 백	사성암 외 1편/	98
김보영	진짜로 살아야지 외 1편/	100
김복만	구름도 벗이 되니 외 1편/	103
김복성	대숲 외 1편/	105
김봉겸	믹스 커피 외 1편/	107
김사달	합의 외 1편/	109
김서연	한복 외 1편/	111
김석태	동물과 인간의 차이 외 1편/	113
김선례	다정한 이웃들 외 1편/	115
김선옥	어머니의 향기 외 1편/	117
김선우	나, 말 놔도 되지? 외 1편/	120
김선종	찔레꽃 필 때면 외 1편/	122
김성계	수목/	124
김성일	나비는 꽃을 생각한다 외 1편/	125
김성자	무궁화꽃을 피우고 외 1편/	127
김수야	장마 외 1편/	129
김순녀	여름에 띄우는 편지 외 1편/	131
김연하	행복한 동행 외 1편/	133
김영돈	자목련 외 1편/	135
김영화	설산 외 1편/	139
김옥향	오동도 외 1편/	141
김일성	화병 외 1편/	143
김종기	해무 외 1편/	145
김종원	쌀엿 한 가락 외 1편/	147

(사)한국시인연대

150 /혼자 한 사랑 외 1편　김진동
152 /상덕시장 외 1편　김태수
154 /화해 외 1편　김태자
158 /그날이 없었더라면 외 1편　김풍배
161 /친구 벼슬 외 1편　김해성
163 /가을 금강에 가면 외 1편　김홍래
165 /색의 하모니 외 1편　김훈동
168 /겨울 숲 외 1편　남상진
170 /봄 나그네 외 1편　노민환
172 /칼바람 나뭇가지에서 울고 외 1편　노선관
174 /마음의 지붕 외 1편　노준현
176 /노을로 흐르는 강 외 1편　도경회
178 /강원도 찰옥수수 외 1편　류기환
180 /바람의 시작 외 1편　류순자
182 /철이 엄마 영이 엄마 외 1편　류재상
186 /욕심의 속성 외 1편　류한평
188 /그러나, 아직도 외 1편　맹숙영
192 /호태왕비 외 1편　박건웅
194 /향수 외 1편　박근모
196 /실버의 편지 외 1편　박달재
198 /시 외 1편　박대순 시
200 /양심으로 살자 외 1편　박대순 시조
202 /소금 외 1편　박래흥
204 /강 외 1편　박명희
206 /바림[願] 외 1편　박상교
208 /타래난초 꽃 외 1편　박서정
210 /거미줄에 갇혀 외 1편　박숙영
213 /아버지와 아들 외 1편　박순자

목차

박연희 산책 외 1편/ 215
박영덕 함박꽃동산 외 1편/ 217
박영수 명경지수 외 1편/ 219
朴英淑 상사별곡 외 1편/ 221
박영숙 산 너머 피어나는 그리움 외 1편/ 223
박영춘 악연 외 1편/ 225
박옥위 돌복숭나무 외 1편/ 227
박일소 창가에 앉아 외 1편/ 229
박종문 후회 없는 그리움 외 1편/ 231
박준상 어느 노인의 인생 노트 외 1편/ 233
박현조 압록강아 외 1편/ 235
박화배 새끼 외 1편/ 237
배갑철 벌써 옛날 외 1편/ 240
배동현 춘오월의 미망 외 1편/ 242
배석술 9월의 산 외 1편/ 244
서정남 세월의 뒷모습 외 1편/ 248
성진명 숨 외 1편/ 250
성환조 태풍이 불다 외 1편/ 253
손병기 맑고 밝게 살아간다 외 1편/ 255
손수여 양동 마을 종택 '서백당'은 외 1편/ 257
손진명 산길 외 1편/ 259
송연우 씨앗 외 1편/ 262
신길수 무게 외 1편/ 264
신동호 추석 외 1편/ 266
신세현 만춘 외 1편/ 269
신윤호 짓밟힌 꽃잎 외 1편/ 271
심종은 참사랑·1 외 1편/ 275
안숙자 끝없는 도전 외 1편/ 277

(사)한국시인연대

279 /생, 그 적막 외 1편   안연옥
281 /꽃나무 외 1편   양지숙
283 /고려청자 도요지 외 1편   양치중
285 /연극 외 1편   엄원용
288 /봄은 안 오고 외 1편   오낙율
290 /빨간 장미 외 1편   오병욱
292 /호남선의 근황 외 1편   오재열
294 /난 외 1편   오칠선
297 /인생 종착역 외 1편   오현철
299 /난청시대 외 1편   우성영
301 /천지공사 20일차에 일어난 일들 외 1편   우태훈
303 /세월의 강 외 1편   원수연
305 /기기묘묘 금강산 외 1편   유경환
307 /개울가에서 외 1편   유나영
310 /런던올림픽을 보면서 외 1편   유영애
312 /황천나무 외 1편   윤갑석
314 /나는 누구인가 · 119 외 1편   윤한걸
316 /여인과 난초 외 1편   이근모
318 /고갯길 외 1편   이기종
320 /눈물 외 1편   이동근
322 /소 외 1편   이만수
324 /산골 풍경 · 710 외 1편   이명우
326 /아버지의 교훈 외 1편   이문재
328 /눈 내리는 내장사 외 1편   이서연
330 /술 도락 외 1편   이성남
332 /시간의 뒤안길 외 1편   이순우
334 /사는 게 바람이다 외 1편   이영순
336 /대광운 화도당 추모 겨레시   이우재

목차

이원상　봄밤의 꿈 외 1편/ 339
이인오　아버지의 섬 외 1편/ 341
이재곤　언제쯤 하나 될까 외 1편/ 344
이재성　귀농 외 1편/ 346
이재옥　풍경 소리 외 1편/ 348
이전안　동해 일출 외 1편/ 350
이정님^{이롯}　풍조 외 1편/ 352
이정록　심원사 가는 길 외 1편/ 355
이정룡　무등산·2 외 1편/ 359
이종문　장승 외 1편/ 363
이종수　생의 종말 외 1편/ 365
이지언　사과 외 1편/ 369
이진석　산 외 1편/ 371
이진순　대합실과 사람들 외 1편/ 373
이한식　서대전역 외 1편/ 375
이형환　진솔한 사랑의 마음 외 1편/ 377
이호정　단풍과 낙엽 사이 외 1편/ 379
임규택　백내장 외 1편/ 382
임성한　목단꽃 외 1편/ 384
임제훈　고향 외 1편/ 386
임종본　그대 품에 외 1편/ 390
임한수　11월의 편지 외 1편/ 392
임　향　무상 외 1편/ 395
장동석　거울 앞에서 외 1편/ 397
장문영　바자회에 보낸 옷 외 1편/ 400
장병민　보석과 자갈 외 1편/ 402
장영규　메밀꽃 여정 외 1편/ 404
장인숙　치매 외 1편/ 406

(사)한국시인연대

408 /강변의 철길 외 1편　장재관
410 /그리움으로 외 1편　장현기
413 /이기리라 고통에서 외 1편　전병철
415 /잡초의 노래 외 1편　전석흥
417 /화왕산 골 외 1편　전성경
419 /한강을 지나며 외 1편　전현하
421 /남들이 보지 못하는 눈으로 외 1편　정순영
423 /농부의 반가운 마음 외 1편　정영의
425 /황금빛 귤 하나 외 1편　정종규
427 /꿈·29 외 1편　정진덕
429 /홍시 외 1편　정진희
431 /육체에 이는 바람 외 1편　정창운
434 /내 마음은 맑은 호수 외 1편　정홍성
436 /하늘 가슴 외 1편　조기현
438 /내가 보이네 외 1편　조덕혜
440 /나는 뱁새다 외 1편　조성학
443 /목댕기 외 1편　조재화
447 /치매 외 1편　조정일
450 /소중한 추억 외 1편　조혜식
452 /미로에서 외 1편　지종찬
454 /가을 외 1편　진진욱
456 /아리랑·1 외 1편　차경섭
458 /나폴레옹 사원 외 1편　채규판
460 /한 해를 보내며 외 1편　채동규
462 /고층 건물 외 1편　채명호
464 /간이역 외 1편　채수황
466 /지브리스 포인트 외 1편　채행무
468 /새벽길　최광호

목차

최기섭　춘일우음 외 1편/ 469
최길숙　비가 내리네 외 1편/ 471
최석명　청옥산 아라리연가 외 1편/ 473
최승범　노송 외 1편/ 476
최영순　우리여! 외 1편/ 478
최정순　아버지의 그림자 외 1편/ 482
최종복　월정리역 외 1편/ 484
최진만　르네상스 조수미 외 1편/ 486
최현희　해바라기 외 1편/ 488
최홍규　4차 산업혁명 외 1편/ 490
편　문　청산 외 1편/ 492
하성용　산골 노부부 외 1편/ 495
한　빈　인내 외 1편/ 497
한승민　핑크 돼지 외 1편/ 499
한재만　밤낚시 외 1편/ 501
허만길　10대의 그날들 외 1편/ 503
홍계숙　전자키 외 1편/ 505
홍병선　느티나무 그늘 안에서 외 1편/ 507

한국시인연대상 운영에 관한 세칙
한국시인연대 제13대 임원

(사)한국시인연대 2016

한국시인연대 대표시선 제26집

한강의 음유 吟遊

어느 날 외 1편

강 기 주

끝없는 어둠의 층계 그 누가 밝히랴
피 말리는 바람소리 땅끝으로 잦아들고
이슬이 꽃잎에 지니
낮그림자가 붉어 온다

까마귀 우는 날엔 흰구름도 적막하다
보일 듯 보일 듯하는 가깝고도 먼 세상을
등 굽은 어린애 하나가
손금을 보고 있다.

연정

내 마음 내사 모를 것
꽃불 되어 타는 오월
산 첩첩 두견새 울고
눈 시리도록 푸르른 날
가슴에 하늘을 여는
라일락 입술이여

산과 들 가지가지
잎 잎으로 서는 여름
나비등 넘치는 햇살
포도 알알 터지는 날
수줍음 너울을 쓰고
칡꽃으로 오실 그대.

이 또한 지나가리 외 1편

강｜동｜기

꽃 피고 새들이 지저귈 무렵이면
세상사 영원한 것 없다는 걸 깨닫고
외로움 밀려와 그리움 사무칠지라도
인생의 스승은 흐르는 시간일 터이니
이 또한 지나가리

삶이 고단하고 인생사 힘들어지면
순정은 이글거리는 태양 아래 열기를 뿜고
어두움은 감춰지며 밝음이 빛을 발해
찬란했던 추억들을 밝혀 줄 것이니
이 또한 지나가리

노을이 물들고 석류가 익어 가면
진실한 삶은 알맹이를 영글게 하고
가식은 강물처럼 흘러 허상을 던져 버리며
민낯으로 노출되어 형체를 드러낼 터이니
이 또한 지나가리

눈보라 몰아치고 앙상한 나뭇가지 흔들리면
영롱한 얼굴들은 희미한 달빛 아래 묻어지고
이내 곧 마음의 고향에서 안식을 찾으며
희망찬 도약의 꽃길이 열릴 것이니
이 또한 지나가리

믿음이 깨지고 서러움이 북받쳐 오면
영광은 퇴색되며 환희는 멀어져 가고
절망감이 파도처럼 밀려와 가슴앓이할지라도
새싹이 돋아나 파릇파릇 자랄 터이니
이 또한 지나가리.

순천만 갈대숲

그립다 말 못하고
보고 싶다 말 못하고

백발 되어 찾은 정취
숲은 숲대로
세련되어 있는데
그대는 온데간데없고
그윽한 바람 소리뿐

사랑한다 말 못 하고
외롭다 말 못 하고

금빛 구름 떠도는
초록의 별천지
웃음소리 들리는 듯
갈매기 떼 춤추고
아는가 모르는가
애타는 이 마음

어디서 만나 볼까
다시 찾은 이 길손

그리워라

그리워라
그때 그 웃음소리
바람에 나부끼는 갈대야
너는 알겠지
등 뒤의 사랑을

목 놓아 불러도 대답 없는 사람이여
오늘은 어디서 머무르나.

목숨 외 1편

강│봉│중│

살아 있는 사람 모두는 목숨을 가지고
있다 목으로 숨 넘기고 목으로 숨
내뱉으니 목숨이라 했는가

목숨이 굉장히 크고 무게가 천 근이나
될 것 같지만 숨 들이쉬고 못 뱉으면
끝이다

하루살이가 죽는 순간이나 사람이
죽는 순간이 큰 차이 없는 시간으로
마감하는 것이다

잡고 있던 손에서 맥박 그치는 순간
사람이 아니고 시체로 변한다

모든 우리는 그 순간을 맞아야 한다
피할 수 있는 사람 못 보았다.

어리 보기

어설프게 쌓아 올린 돌담장 틈새로 본 그대는
마루에서 물레질에 열중하여 오른손은 열심히
물레바퀴를 돌리고 왼손은 무명 실꾸리에
실을 감고 있었다

나의 영혼 큰 바탕은 이 시간이 차지하여 닦아
내지 못하고 오늘까지 이어지며 이인칭으로
남아 있다

허구한 날 감싸 안고 헤어날 줄 모르는 난
어리 보기로 살고 있다

지금 마파람 불어오고 어정쩡한 상태일 때는
그 옛 마을이라도 찾아가 마음 이야기해 버리고
싶다.

가을 외 1편

강 숙 자

그녀가 온다
챙 넓은 프랑스 그물모자 눌러쓰고
주황빛 스카프 휘날리며
한껏 멋부린 가을
그녀가 내게 온다

작열하는 태양 아래
농익어 터질 듯이 풍만한 그녀
빨강색 립스틱에
적당히 둥근 얼굴
굽 높은 하이힐 신고서
조신한 걸음으로
넉넉한 그녀가 내게 온다

핸드백에 가득 채워진
못다 한 사랑 이야기
밤새도록 들려주러
가을
그녀가 내게 온다.

공허

뱃길 끊긴 포구
저녁은 혀를 낼름거리며
빛을 냅다 삼켜 버리고

을씨년스런 기운 마음도 찬데
가슴 밑바닥
시린 슬픔
옷 속으로 비집고 스며든다

인적 끊긴 선창
홀로 빛 밝히는 등대
거룩한 존재의 가치를 느낀다

나는
나의 존재는….

내일인가 싶으면
아닌
또 하루의
내 일상
문득이랄 것 없이
공허함은
빗물 고이듯 마음 가득 고인다.

구덕 꽃마을 외 1편

강│양│기│

된바람 손목에 감고
승학산을 올라보니
서걱이는 억새풀 탄식
목련집 차림표
해빙될 날 언제일꼬

번번이 나들던 발길
시절 죽은 폐촌마냥
잔설들만 나뒹굴어
금융란
손끝마다 아리는 현실

시래깃국 저녁 연기
허리 휘인 한 자락 세월
감겨 있는 벽오동 가지
송백류 분재
잔설 입어 떠는 측은함.

걸어야 할 삶의 올

너덜경 걷다 보니
고요 넘쳐 달아난 잡티
아침 이슬 젖은 장삼
긴 세월 풍화
수묵화 그려 낸다

쳇바퀴 도는 다람쥐
시침보다 빠를까
지금껏 찍은 자국
건너편 사장
천만 갈래 만 갈래

산울림 한 소절 연가
문지방 귀뚜리 노래방
문을 닫는 시각인데
석유등 그늘 아래
지난 세월 감아본 이 심정.

이 세상 떠나신 부모님 외 1편

강│용│숙

흘러가는 세월은
연년이 사계절 찾아오는데

푸른 잔디 집지어
산새들 울음 달래느라
가족 잊고 돌아올 길 잊었을까

굶주리며 살던 1950년대
어린 우리들에게
귀한 밥 한 수저라도 더 먹이다
양푼 긁어모아 몇 수저 드시고
일만 하시다 세상 떠난 부모님

지금에 과일 상가 지나며
그 시절 없던 과일 보이면
돌아가신 부모님 생각
어쩌다 먹을 때면 눈물 어리어
하늘을 우러러보고

그 시절
부모님 삶 생각에
비구름이 나의 눈빛을 가린다.

외로운 낙엽

고요한 밤
노니는 별 보고 싶어
창밖을 보니
처마가 하늘 가리며 가리킨다

밝은 별빛 아래
그곳 바라보니
심야에 산과 들 호수 이루고
잔잔한 물결 소리만

바람에 구르는 낙엽 띄우고
노 저어 주지만
풍악은 없으나 어이하리
지팡이에 의지한 몸이니

마음은 청산
한 걸음이 천 리 길
마당에 피는 민들레도 그립고
찾아오는 새들도 고마워진 몸
심야의 물결 소리 벗 삼아
노 저어 보는 외로운 낙엽의 생.

대관령 외 1편

강│인│숙│

굽이마다 접어둔 순간들이
그때의 기억들을 풀어낸다
옛 영동고속도로

가까운 듯이 다정해 보이는
자그마한 동네 너머
다리 아픈 하늘 한 자락이
땅에 내려와 앉아 있다

이상한 듯이, 멀어져 간
날들을 건져 올린다
하늘이 아닌 바다란 걸
어제의 눈동자 속에 담긴
바다를 본다

옛 영화를 떠올리며
바람의 언덕에서
잠들지 못하고 서 있는
미라가 있다
옷깃에 장식한 바람이 인다.

태몽

전생은 어느 별이었나
무슨 사연 있어
저울대의 기울임은
죽음의 형장
지구라는 행성을 가리켰을까

낮과 밤
가고 오고
또 하루 갈수록 형 집행
운명의 날 가깝건만
잊고 사느니

꿈의 성城역 안에서
사랑
재물
생
성주의 금관영락
꺼지지 않을 불꽃인 듯이 타고 있나니

그날이 와
삶의 의미인 인연 보내고서야
지구라는 행성이
죽음의 형장이라

새삼 더듬나니

또 우주 어드메쯤을 헤매야 하는지
끝없는 세월 어드메쯤에서
이승의 인연 다시 만나는지를 묻는다
하룻밤 아픈 꿈이었느니 아니
지워내지 못하는 긴긴 꿈이었느니.

하늘우물[天井] 외 1편

고│산│지│

구름으로 옷 만들고, 흑암으로 강보 지어
궁창에 가두어 논, 빛과 물의 샘이여

빛의 샘, 터지면 별빛이 쏟아지고
물의 강보 찢기면, 눈과 비 내리네

하늘 땅 소통하는 사람을 만들어
보시기에 좋은 세상을 다스리며

생육하고 번성하여
충만하라 하였는데

먹음직도 하고 보암직도 한
지혜롭게 할 만큼 탐스러운 죄罪의 유혹

이겨내지 못했네
범犯하고 말았네

문 앞에 엎드린 죄罪 다스리지 못하고
에덴에서 쫓겨난 천정부지天井不知 철부지들

천장天障을 만들었네,
바벨탑을 쌓았네

하늘을 우러르며 빛을 찾는 상인商人들
지붕에 구멍 뚫어 하늘과 소통하자

하늘우물[天井] 고인 빛,
마당에 쏟아지네

유려한 빛의 비늘 빗줄기에 묻어서
정원에 떨어지네, 연못에 고이네.

햇빛우물[陽井]

양산[陽山] 아래 쑥우물[蘿井]
백필白疋 백마白馬 무릎 꿇고
파란破卵의 빛 때문에
바로 볼 수가 없네

새, 짐승 춤을 추고
해와 달 청명晴明하니
세상을 밝게 하는
홍익인간弘益人間 탄강誕降하네

기와지붕 난간欄干 삼아
빛의 제단 설치하고
하늘의 뜻 헤아리는
기양제祈禳祭를 드리네

해와 달과 별의 빛
고여 있는 하늘샘
두레박 드리우고
빛을 건져 올리네.

소나기 외 1편

고｜재｜구｜

우뢰들 불러 모은 한바탕 잔치판에
목 빼고 기다리는 그 추억 떨어지니
저녁놀 훌쩍 떠나면 님 그리워 어쩌나.

우공牛公의 등 넘기가 그렇게 무거운지
소양瀟陽과 동행同行하여 별안간 떠나가면
원추리 피고 지는 밤 임 그리워 어쩔꼬.

농심農心

　이보게! 자네 한양 가서 엄청 출세했다고

　그래도 그렇치 아무리 바빠도 소식 한번 주면 어디가 탈난다 카더나
　말은 나면 제주도로 보내고 사람은 나면 한양으로 보내라 카더니
　그것이 딱 맞기는 맞는 말인 기여
　그래 그동안 쉴 새 없이 쥔 없는 인왕산 운무도 싸구려로 맘껏 팔았다 카지
　참 용타 용해 그곳 한양은 눈 돌리면 코 베가는 곳이라 카던데
　그러나 이제 그만 답답하고 땀 스민 목댕기 풀어 제치고 이리로 오시게
　때깔 좋고 맛나는 문경 약돌 한우 안창살 한 점 안주로 마련하였으니
　골치 아팠던 지난 일들 허파 속 오염된 공기 모두 훨훨 털어 날려 버리고
　허허허 하회탈 웃음 지으며

　담백한 문경오미자 막걸리 한 사발 걸치나 보시게나.

역사는 흐른다 · 26 외 1편

공 정 식

어떤 데는
까맣고
어떤 데는
햇빛 받아 흰 얼굴

꼿꼿이 뚫린
가슴 가슴 틈으로
더러운 피가
방울방울 떨어져 통곡을 한다

낙망과 슬픔을 감추기 어려워
감정을 꼭꼭 묶어
고사목 가지 끝에 걸린 달빛에
정성스럽게 말리고 있는
서러운 백성들 심성 보라!

모욕도, 분함도, 아니꼬움도, 갈등, 욕설
성냄과 무질서
벌거벗은 육신
잡힐 듯 안 잡힐 듯이 들락날락하며
앞이 아득아득하고….

거미줄에 걸린 곤충 같은 신세

그것은 권력을 팔아 부정 축재를
쌓아 놓고 멀쩡하게 아니꼽게 사는
권력 잡배놈들….

역사는 흐른다 · 27

쪽밤송이
모양과 같은 정치政治패
표리부동하고
깐깐한 권력자들이여!

갈피도
야심도
심술도
듣는 듯 안 듣는 듯
빈정거리며 앙갚음을 하고 있는 현실….

달착지근한
음담패설에
값 비싼 육식 처먹고
썩어빠진 돈타령 사랑타령하는 놈들….

사흘이나 굶은
도둑고양이 새끼 같다
남 험구 음해만 일삼은 빈정거리고
그 잘난 인간
지붕도 없고 문門도 없는 인간
앞뒤를 자尺를 재 봐도
몇 푼어치도 안 되는 것이

밤낮없이 사기 공갈 타령인가
천인 절벽에 거꾸로 떨어져….
어찌 할꼬 가여운 인생人生아….

나는 나다 외 1편

곽 광 택

이 세상 어디에도
나와 똑같은 사람은 없다
나의 모든 것 내 소유이다
나의 육체와 육체가 하는
모든 것 나의 것
마음과 마음속의 생각
내 눈에 비친 모든 것
나의 것
사랑도 기쁨도 분노도 슬픔도
실망도 흥분도 모든 것
내 입에서 나오니 나의 것
나의 성공도 실패도
승리도 실수도 나의 것
나의 주인은 나다
나 자체가 완벽해야
만사가 즐겁다.

삶의 터전

바다보다
넓은 그리움
빈 가슴을 열고
하늘을 바라본다

기다림에 지친
그리움이 있듯이
저마다 마음을 달래며
풍족한 마음을 열자

믿음의 마음에서
서로 소망하고
그리워 기다리며
진실을 배워 가며
사랑을 나눈다

우리 서로가
가슴을 비우며
마음을 열어 보자.

가을비 외 1편

구 자 성

여러 모습으로 우리에게 온다는 신神은
오늘 아침 찬비로 다가왔을까?
지열地熱로 뜨겁던 산야山野를 식히러
밤새 내린 비는
또 한 철을 약속해 줄
신神의 모습이지 싶다

여태 내게 그러했듯이
나 또한 당신에게 그러할 것은
상처의 일상을 고백하여 치유받고자 함이며
수은水銀보다 더 차갑고
구슬보다 영롱한 물방울로
전율하는 내 오감을 적시며
두 손으로 당신을 느끼고
팔 벌려 껴안은 가득한 사랑이고저

마침내 이 아침 당신을 만나
더함 없는 충만으로
비가 왔다

이렇게 가을을 데리고
비가 왔다.

기일 忌日

나물을 볶고
생선을 찌고
시간이 갈수록 내 손은 떨고 있다

쇳소리 날카로운 징으로 뒷굽을 갈아
닳고 낡은
구두로 검약하셨어도
불란서 '캐더룩'에서 본 듯한 옷만을
사 주시던 나의 아버지는
조선문단朝鮮文壇의 끝자락 멋쟁이 선비이셨다

뗑겨 먹는 참고서 살 돈의 부풀린 애교를
알고도 속아 주시던 미소 속에서 자라고 컸어도
나는 크나큰 불효를 드린
아버지의 어여쁜 셋째 딸이었기에
오늘 온몸을 벌벌 떨며 제수祭需를 장만한다

떨어지는 눈물 속에
온 세상이 흐린데
동두서미東頭西尾가 아니면 어떻고
홍동백서洪東白西가 아니면 어떠랴
병풍처럼 둘러선 내 자식들이
행주같이 젖은 어미의 치마폭 눈물을 우두커니 바라보건만

진설陳設한 제수祭需들이 차갑게 식고
음복飮福의 술잔이 푸른 제향祭香 속에 마르고 있어도
가슴을 치는 회한悔恨을 누르며
절을 드린다

아버지, 아버지
내 아버지.

추억의 장작불 외 1편

권|순|악|

함박눈 내리는 겨울이 오면
어머니는 안방 아궁이에
장작불을 지피신다
평생을 부엌에서
어머니의 사랑은
장작불보다 뜨거웠다

함박눈 내리는 겨울이 오면
아버지는 사랑방 아궁이에
장작불을 활활 지피신다
평생 쇠죽을 쑤신
아버지의 소 사랑은
장작불보다 뜨거웠다

함박눈 내리는 겨울이 오면
마음은 멀리 고향으로 달려가
장작불 피워 놓고
옛이야기 나누고 싶은데
이제는 하염없이 내리는 눈이
서러운 추억을 덮어 버린다.

그때 그 소년은 어디로 갔는가

푸른 하늘 뭉게구름 바라보면서
목청껏 노래 부르던
그때 그 소년은 어디로 갔는가

고향 땅 부모 형제 떠나지 않는다고
산과 들로 뛰어다니던
그때 그 소년은 어디로 갔는가

앞산 위에 무지개 바라보면서
온종일 가슴 설레던
그때 그 소년은 어디로 갔는가

물 따라 바람 따라 세월은 흘러가지만
나는야 늙지 않는다던
그때 그 소년은 어디로 갔는가.

금오산 외 1편
―올레길

권영주

유월의 바람결 따라
나뭇잎새들 은은히
고운 여인의 손길로
피아노 치고 있다

바람 불어와
내 맘 싣고
금오산 호숫가에 와
올레길 돌고 돌아
금오산자락 부여잡고

향기에 취해
달빛 바람 맞으며
속삭인다.

호흡길 숲 새

믿음, 소망, 사랑
힘껏 펼쳐
봄 꽃길 열어
맘껏 힘껏 피어라
호흡기呼吸器 산책길
양심 길, 봄 꽃밭!

그대의 서시 외 1편

권 오 견

그대 그리운 날
생각의 끝에서 그대를 떠올린다

눈물과 슬픔이 내게로 기울어 바닥으로 가라앉을 때
흐린 시야를 닦아낸다
머리 위로 그대의 빛이 쏟아질 때까지

그대의 문턱을 넘는 나의 향일성 줄기
찬 서리 맞고 오그라들 무렵
캄캄한 뿌리로 내린다

침묵과 적요를 두르고 살아가는 일
텅 빈 가슴속 그리움이 쌓이기 때문이다

봄날 그대의 울타리를 돌아온 나의 자전은
솟아오르는 그대의 줄기에 접목한다

외롭고 쓸쓸한 날이 있었기에
걸어 잠긴 그대의 빗장이 환하게 열린다

그대 그리운 날
멈춰 선 그대의 길은
빛으로 돌아와 나를 환하게 통과한다.

선인장

어둠침침한 마루 구석진 자리
선인장 화분 놓여 있다

손과 발 퇴화한 먼 그날 이후
몸도 마음도 다 접어
허공에 묻었나
천년의 면벽

버리지 못할 여백 한 자락에다
뿌리를 내린다 끈적끈적한 몸
척박한 한 줌의 땅에다
발자국도 그림자도 흔적 없이 지운다

날카로운 가시 온몸 찔러 대면서
스스로 걸러내는 저 순수
통증이 조이는 마디마다
끊어질 듯 이어진 먼 고행

내 마음의 성불
혼으로 피는 노란 꽃
더욱 노랗다.

그녀가 내 곁에 온단다 외 1편

금 동 건

영산홍 철쭉 세상
꽃보다 아름다운 것은 어디에
꽃 속에 내가 있고
꽃 속에 네가 있어도
화려함보다 서러운 몸짓
바람결에 들려오는 낭랑한 목소리
자기야 나 잡아 봐라
노랑나비 한 마리
나풀나풀 보일 듯 말 듯
그녀가 내 곁에 온단다.

그녀가 내 곁에 왔다

봄기운이 완연하다 못해
연초록 세상 물들이고
연지 곤지 연분홍빛 세상
연륙교 저 멀리 목련꽃 한 송이
긴 머리 바람에 일렁이고
치맛자락 춤을 추는 우아함
하얀 미소 던지며 사뿐사뿐
가까이 다가오는 목련꽃 한 송이
그녀는 하얀 나비
나는 노랑나비
손에 손잡고 바라보는 눈빛
내 심장 터지는 줄 알았다.

바람의 노래 외 1편

기 청

대나무 숲 지날 때는
서걱서걱 은빛 칼을 갈다가

갈대밭 언저리 허연 손수건
날리며 눈물도 뿌리고

달빛 부서지는 한밤
어느 눈먼 검객의 칼끝에서
숨죽이며 사뿐히 춤을 추다

제풀에 새파랗게 질려
숨어든 깊은 산
절간 추녀 끝에 걸린 풍경을 만나

뎅그렁 사바세계의
잠을 깨우며.

한강을 건너며

아침 출근길 한강을 건너고
퇴근길 다시 한강을 건너면서
침묵하는 강물을 보며

강남에서 강북으로
그 옛날 백제 땅 나루를 건너
고구려 말발굽 소리 들리고

어쩌다 흐린 날은
안개에 젖은 익명匿名의 혼들이
아득히 떠내려가고

바람도 머뭇거리던 절명絶命의 그때
끊어진 철교 난간에서
오도 가도 못하던 사람들 떠올리며
이쪽에서 저쪽으로

어둠에서 여명黎明의 새벽으로
속박에서 자유 해방으로
결빙結氷의 겨울에서 생명의 봄빛으로

사랑과 결별
주검과 부활의 고리 맞물려
유유히 흐르는 강물을 보며.

봄의 찬가 외 1편

김 건 배

신비롭고
놀랍고
아름답고
부드러운 처녀여

너는
생명이요
희망이요
환희다

너는
은혜롭고
인자하고
상쾌하다

우울한 날이여 가거라
절망의 날이여 사라져라

창밖에 나비가 찾아오고
하늘에 종달새가 지저귀고
벌판에 시냇물이 흐르면

나는 환희의 노래를 부르리라

나는 너를 얼싸안고 춤을 추리라
내게 남은 꿈을 펼치면서.

해마다 6월이 오면

여기 강산에
해마다 6월이 오면
들려오는 그대들의 함성

마른자리마다
당신이 피 흘린 곳에는 꽃은 피어나고
당신이 고이 잠든 산천은 젊음이 넘치는데

보이시는지요
지금 그대들의 이름 앞에 휘날리는 태극기를

들리시는지요
지금 그대들의 이름 앞에 힘차게 울려 퍼지는 애국가를

조국을 위해 산화한 충혼이시여
어서 일어나 당신의 조국 강산을 품어 보소서

꺼져 가는 조국을 위해 바친 몸
한번만이라도
어서 일어나 아름다운 강산을 안아 보소서
불멸의 영웅이시여

여기 충혼탑에서

해마다 6월이 오면
그대들의 이름을 애타게 불러 봅니다.

빨래 외 1편

김경언

마당을 가로질러서
처져 있는 줄을
간짓대로 받쳐놓고
배꽃이 흐드러지게 걸려 있다

겨우내 묵은 때
지워지지 않는 흔적들
봄 햇살이
바람을 데려와 헹가래 친다

저만큼에서
잔물결로 일렁이는
어린 꽃잎들이
관객 없는 뜨락에서
이리저리 흔들리며
치솟았다가 내려앉았다가
외줄타기 묘기를 부리며
시선을 빼앗는다.

유월의 무게

유월이 되면
난 트라우마에 시달린다
구멍 난 양말 같은 생채기는
구석구석 파고든다

바람이
밤꽃 향기 퍼뜨린다
밤송이 같은 아픔
소름 돋는다

밤이면 파편에 뒤척이는 나를
창틀에 걸터앉은 새들이 깨운다
핏대 선 눈 비비며
던져 놓은 꿈을 주워
잎새 속에 저장해 둔다

산다는 것은
쌓인 먼지를 털어내는 것이다
어제의 창고에서
녹슨 시계를 꺼내 흔들어 본다

세상에서 가장 무거운 것은
바로 나였다.

덧없는 나그네의 웃음 외 1편

김 관 형

하늘가에 누운 뜬 구름
바람결에 사라져 가듯
삶터 끝자락에 머문 나그네
하염없이 세월을 삭이고 있네

맨손 끝에 이는 거품인데
가리가리 쌓아 논들 무엇 하나
덧없는 인생살이 노을이 지면
허물 벗은 몸뚱이 하나뿐인데
웃고 가면 행복한 거지

부질없이 마음 가득 채우려고
헛꿈만 챙기다 보면 앞길은 저물고
이름마저 부서지는 걸
늦기 전에 땀에 젖은 보람 영글려
인생살이 빈 밭에 뿌리고 가렴.

시혼詩魂

즐비한 언어 가닥
솎아 내어 고른 귀절이다
흐르는 물살에 수천 년 굴려내듯
은근한 끈기로 갈고 다듬는다

주옥같이 빼어난 글월인 듯싶지만
못내 아쉬움만 서린다
얼마나 세월을 지새우며 보듬어야
뭇 가슴에 일렁일지 스스럽다

연륜年輪이 익어 갈 때 에멜무지* 한 두뇌
슬기로 담금질해 낸 한 편의 시
내 영혼의 한복판 마음이 머무는 곳
햇꿈* 속에 심어 놓으리다.

※에멜무지: 헌일 삼아 시험 삼아 하는 모양
※햇꿈: 새로운 바람인 '새꿈'이란 뜻의 시어(예: 햇콩)

떨림 외 1편

김광수

작다는 생각에서 벗어나려고 무진 애를 썼다
야무지게 커서 뜻이 이루어졌다
지금은 작아지면 어떻게 하나, 떨며 묵하 고민 중이다
삶은 떨림의 연속이다
다른 것들도 더 커졌으면 하면서 떨고 있다
이 세상에 떨지 않는 것은 없다
떨림은 살아 있다는 또 다른 목소리다.

억새꽃을 바라보며

지난 세월 순백한 마음으로
살아왔노라고
결백을 전하는 사람들이다
나는 저 자리에 함께 할 수 있는
그런 사람일까
나는 아니다
늦었지만 이제라도
마음잡아 시작할 일이다
흰 종이 하얗게 흔들어 보이며
이렇게 하얀 마음으로 살아왔노라고
의연히 말할 수 있게.

환생幻生 외 1편

김근이

할머니
그여
그 말 한마디 듣지 못해
백의白衣에 묻은 얼룩
지우지 못하고 가십니다
평생토록 짊어지고 오신
그 상처, 한 맺힌 삶으로
혹여
구천에 머무시지나 않으실는지

하늘나라에 안착하시어
편히 계시면
저들의 열도가
지구에서 버림받아
우주 고아가 되어
할머니 앞에 무릎 꿇고
사죄하는 날
얼룩진 백의 갈아입으시고
돌아와
외로운 무덤가에
한 송이 할미꽃으로 환생하세요.

야생화

산자락 잡초 속에서
수줍은 듯 피어 있는 야생화
순수한 자태가 곱게 묻어나는
향기로 다가오는 정감
그 아름다움 어디에다 비할까
찾아주는 이 없는 들녘
때묻지 않은 자연이 있어
더욱 화려하고 곱구나

잘난 사람들 틈에 끼어
밀려나는 또 한 무리 사람들
넘어지면 죽을세라
목숨을 건 절대적인 몸부림
저 황망한 굿판에도
야생화 한 포기 섞여 필 수 있었으면

다 저문 인생 황혼에
나 역시도 혹시나 하여
애처롭게 느껴지니
나 젊었을 때 언제쯤에는
저 야생화처럼 화려하게
피었던 때가 있었을까
이름 모를 그 꽃

홀로 지는 것이 애처로워
야생화란 이름으로 마음에 담아 본다.

불면증 외 1편

김 기 성

새벽녘 창 너머에
낙숫물 떨어져
시멘트 바닥에
비명 가르는 소리

어둠 속에서 날카로운
자율신경의 뇌파 소리에
벌떡 일어나 사유의 묵상에 잠겨 본다

세월이 어설프게 오고 가네
젊음은 덩달아 타고
육신 젖어 오니
사랑은 안개 속 같아라

수초의 명상이
덧없이 베어져 나가고
세월의 일기장 넘기며
번뇌의 속살이 자꾸만
서글픔을 자아올리고 있다.

청춘

열아홉 맨발의 청춘
순수의 꽃불이
솟구쳐 오르다

일백오십 도
심연深淵의 계곡에서
육전대陸戰隊 기치창검 드높이
앞세우는 열혈남아의 분신
수억의 용사들이여
뜨거운 불꽃 피우러 가자

저 고요의 바다를 향하여
애살스럽게 속삭이며
꼬리를 창대하게 흔들어라

내장산 등성이 너머 너머에
고독한 어느 시인처럼
일천 도의 불성 활 끝에 싣고

마른벼락에 발가벗고 춤추는
찬란한 잿불이 되자
태양의 계절은 끝이다.

손톱을 깎아 주며 외 1편
—간병

김 기 순

현관문을 활짝 열어
햇볕을 끌어와
내 무릎에 올려놓고
남편의 손톱을
정성껏 다듬어 준다
돋보기를 쓰고도
엉뚱한 살을 베려 하니
불안한지 손가락을
오므렸다 폈다를
반복하며
움찔움찔 놀란다
웃을 일도 아니건만
나는 배를 움켜쥐고
한참 웃는다
그도 따라 웃는다
마주 보며 웃다가
슬그머니 내 손을
꼬옥 잡는 그,
마치 맑은 소년 같다.

시간 속의 갇힌 새가 되어

너와 나는
떼려야 뗄 수 없는
인연이로구나
너를 본 적은 없지만
나를 데리고 예까지
오느라 애썼다
나도 너를
쫓아가느라
안간힘 다 쏟아부었다
그러나
언젠가는 나를
냉정하게
밀어내겠지만
너와 나의 질긴 인연
끊어 낼 수 없어
싫든 좋든 따라가며
시간 속의 갇힌 새가 되어
오늘도 하염없이
뚜벅뚜벅 저문다.

대통령감 외 1편

김 기 전

세월호 사고를
하나의 광주라 하여

세월호 협상을
어렵게 하여
국고지출이 끝이 없는데

지하철은 서울시 소속인데

구의역 사고를
새누리당 정권이 만든
'지상地上의 세월호'라고

새누리당에 씌우려다
'정쟁政爭에 부메랑' 맞고
해외로

이런 짓 잘해야
'대통령감' 되는지….

사드

국가 위기의 대처는
대통령 권한이다

A의원이 사드 배치를
국민투표로 하자고 주장한다

북이 쳐들어와도
항전을
국민투표하잘 건가

이런 것은 국민투표나
국회 비준 대상 아니다

대한민국은
미군의 도움 없었다면
나라도 경제도 없다
하지만

중·러 이웃나라 외교도 고려
북한 위협의 견제 위해
사드를 배치할 수밖에 없다고
이웃에 먼저 전달 후
발표했어야 조용한데….

내 마음의 물망초 勿忘草 외 1편
—윤 아그네스 수녀님의 선종을 애도하며

김│낙│연

그대 아그네스 수녀님이시여!
님은 초향草香이 그윽한 새아침에 피어난
해맑은 한 송이 고운 흰 백합화였지요

님은 세속을 떠나 일생을 순결하게 살리라
다짐의 초심을 고이 간직한 채
외면한 애달픈 인연들을 가슴에 묻은 채
애상에 젖은 은은한 향기를 남긴 채
청초한 모습으로 지고지순하게 사셨지요
내내 곱게 피어 있다 져간 한 송이 꽃이었지요

그리운 님이시여!
잊은 듯이 보내는 세월은 물결조차 잔잔한데
이렇게도 그리워 보고 싶을까요
이렇게도 마음이 저려 아플까요
얼마나 애잔한 세월이 더 가고 가야
얼마나 애타게 더 눈물을 닦아야
님이 남긴 이 아린 상처가 아물까요
님의 청순한 모습이 저를 떠날까요

님의 숭고한 신심信心에 영혼조차 몰입되어
오롯이 홀로 울고 울다 기진한 마음엔
하염없이 스미는 아픔에 저린 가슴엔

이제는 더 쏟아 낼 눈물이
이제는 더 뱉어 낼 탄식이 아직 남았으리오

님이 남기신 그리움 못 잊어 하면
깊은 이 상처 다시 덧나 아플 줄을 알면서도
낫지 않을 이 아픔 견디지 못할 줄 알면서도
제 몸이 무너져 분화되는 순간까지
님에 향기로운 추억을 간직하리이다

님이 먼저 가시니 적막한 세상 어디서
위로을 받으리오
평안을 찾으리오
오로지 한 마음으로 님을 연연불망戀戀不忘하며
애달픈 연민의 길을 고이고이 가리이다

그리운 님이시여!
하늘나라에서 그 언제 다시 뵈올 때까지
인자하신 주님의 품안에 안겨
아름답게 그 모습대로 피어 영생하시옵소서.

천년의 미소
―반가사유미륵상을 대하다(국립중앙박물관에서)

불심불력 이루시어 정토중생구제淨土衆生救濟 하시어
부처님의 대자대비의 불혜佛惠 이루시는 큰 뜻 품으사
연화대蓮花臺 위에서 가련한 중생 구제하시려
반가부좌로 사유하시며 천천 년 번뇌하시도다

님의 온화 자비하신 모습
님의 심오 각성하신 미소
성결하신 지혜知慧로 깨달음의 희열喜悅이시로다

불사 성업聖業 위해 돈오頓悟의 불심으로
인생의 무상함을 극기克己하시며
온갖 유혹과 재앙 물리치시고
속계俗界에서 무언설도無言說道하시도다

반야바라밀다般若波羅蜜多※라 하시니라
색불이공色不異空이니
공불이색空不異色이라
색즉시공色卽是空이니
공즉시색空卽是色이라

만상의 존재 이치를 깨침이 최고 무상의 지혜이니
속계의 모든 물질物質은 공空이며
색은 곧 물질이라

김낙연 · 87

허망한 속심속욕俗心俗慾을 번제煩除하시고
해탈解脫하시어 열반涅槃에 높이 이르시도다

암흑에 나락奈落한 중생 구원의 참빛의 일념으로
영심靈心 일체로 강림설법降臨說法하시며
영원 불멸의 구도 위한 사유思惟의 경지에 이르시니
중생 심령에 임재계도臨在啓導하시는 미륵보살님이시도다.

※반야바라밀다: 부처님의 가르침의 핵심으로 불계의 이상향의 피안彼岸에 이르도록 하는 최고 무상의 지혜를 이름이다.

터미널에서 외 1편

김 남 구

터미널에서 부는 바람은
언제나 가슴이 시리다
또 다른 종점을 향해
날아간 새가 남기고 간 자리는
고독한 그림자의 입술로
지순한 오르가슴에
잘게 떨고 있다

터미널에서 부는 바람에
언제나 가슴은 떨린다
못내 그리워서 얼싸안은 정情
청순한 눈물 다발에
노을빛 자화상을 부둥켜안고
자르르 카타르시스에
온종일 비는 내리고.

바람의 언덕
―대관령 정상에서

하늘 아래 첫 동네
아흔아홉 굽이 전설로
숨 가쁘게 치달아
높새바람으로 쉬어 가는 곳

동해의 심혼心魂을 퍼 올려
출렁이는 목장 길
착한 양 떼들이 바람 마시는
하늘 아래 바람의 언덕

백두대간의 한 허리에
이국풍의 거물 풍차
하늘이 돌아가고
구름이 돌아가는

오늘도 아아峨峨한
바람의 언덕에 올라
길가는 나그네 더불어
바람 따라 홀로 가리니.

점화點畵 외 1편
―일생

김 동 애

화가가 붓을 들고 화선지에
점을 딱 찍는 순간,

점은 순간이 된다

한 점, 한 점 이어 가는 선線이
그림을 그리듯
순간 순간이 이어져
일생을 만든다

축축한 날은 번진 점
가문 날엔 갈필
활기찬 날엔 운필
맥 빠진 날엔 늘어진 점 점 점

마지막 모두 어우러져 만들어진 그림

점마다 별이 되어 빛을 낸다.

빛의 힘

세상 바다에
삶의 배를 띄워
사공은 노를 저어 가네

배와 노는 삶의 방편

그 속엔
형형색색形形色色
어떤 땐 꽃처럼 예뻐서
눈길을 잡고
맑은 목소리와 향기로운 냄새에 젖어
헤어나지 못할 때

예고 없이 찾아온 폭풍우
폭군이 된 바다

풍랑에 배는 몹시 흔들려
노를 힘껏 잡은 사공

오직 삶의 지주가 되어
사투死鬪에서 힘이 생기네

그 힘은

쓰면 쓸수록 키가 크는 법
그제야 바람도 숨을 재우네

고요한 바다 위에 달빛이 내리면
침묵의 문이 열려
투명한 빛들이 글자(문자文字)란 옷을 입고
소리보다 더 힘찬 생명이 되어
맑고 밝은 빛을 발한다네.

순간의 존재 외 1편

김|문|배

소나기 후다닥 지나간 후
빨랫줄에 매달린 빗방울들
여름날 오후의 뜨거운 햇살 속에
허상과 현실이 허공에 떠있다

외로울 수밖에 없는
존재의 순간을 찾아
바람 끝에 매달려 떨고 있는
주르륵주르륵 이어 가는 물방울들.

안반데기

해발 1,100미터
강릉시 왕산면 대기리, 화전민의 삶터
곡괭이 삽자루 피멍 든 손끝으로
배고픔을 참고 피로도 잊은 채
하루 종일 돌자갈 골라내어
안반처럼 넓다란 밭뙈기 일구니

유월에는 감자꽃 피고
팔월에는
모란꽃보다 더 탐스런
연록색 배추 포기가 아름답다

안개 자욱할 땐
거칠고 서러웠던 시절의 수묵화로 보이더니
안개 걷히고 햇빛 찬란하니
평화롭고 아름다운 수채화로 변한다

나는 사열대 위의 개선장군이 되어
능선 따라 줄 서 있는 배추밭 병정들을
벅찬 가슴으로 내려다본다.

환승역 외 1편

김 문 한

꿈을 안고 기차를 탔다
행복 찾아가는 사람
환승역에서 내리면
기차는 사정없이 떠났다
갈아타야 했는데
망설이다 놓쳐 버리고
흔들리는 차 안에서
궁색한 생각만 했다
그 환승역에서 갈아탄 친구
기어이 삶의 금자탑을 쌓고 있다는데
결심할 때 결심하지 못하고
선택할 때 선택하지 못한 것
왜 이리 후회되는지
이제 어느 환승역에서 갈아타야 하나
나뭇잎 다 떨어진
삭막한 세상
창에 스쳐 가는 흐릿한 삶
신천지로 가는 환승역
늦기 전에 찾아야 한다.

낙화

아름다움과
기쁨 주었으니
나 이제 가야 한다

사람들 눈 너머에
내가 할 일이 있다

꽃 피고 지는 것
자연의 순리에 따를 뿐

세상이 그리는 녹음이 되고
열매 되기 위해
나의 청춘은 지나갔다

목표가 있는 길을 가고
뜻 이루기 위해 사라지는 것
나는 슬프지 않다.

사성암四聖庵 외 1편

김 백

누가
저 부처님 눈썹 밑에
아슬한 제비집을 지어 놓았나

간절하면 업장도 소멸하는가

부귀도 영화도 캄캄한 절벽 앞에선
다 부질없는 것

불꽃 무늬 광배에 흐르는 미소가
노을처럼 걸려 있네.

※사성암: 전남 구례군 문척면 오산에 있는 암자

미타암彌陀庵 가는 길

잎새에 일렁이는 풍경 소리 따라
미타암 가는 길
굽이진 산길 연등마다
번뇌가 주렁주렁 걸려 있다

미타암 돌계단은 다 부처님
삼배 삼배 또 삼배
몸 낮추고 허리 굽혀야만
피안의 언덕 오를 수 있느니
무량한 동해의 아침 품을 수 있느니

아미타브하 아미타브하
첩첩 쌓인 경전 꾹꾹 디뎌 가며
사바의 수의 입은 목어 한 마리
숨 가쁘게 오르고 있다.

※미타암: 양산 천성산 있는 고찰

진짜로 살아야지 외 1편

김｜보｜영

언제 벗어 놓았는지
모르는

멀리 있는 양말들을 주워 들어 휙 세탁기 쪽으로 던지고
옷장 옷걸이에 걸고
돌돌 말아 서랍에 넣고
탈탈 털어 햇빛에 널고
여기저기 남은 음식을 쓰레기통에 붓고
책들을 가져다 톡톡 책상 위에 놓고
가로 세로 맞추어 어느 한 쪽에 두고
어긋난 앞뒤 줄을 맞추고
일단 손에 집어 들어 제자리에 앉히고
따라 들어온 봉지들을 비닐봉투에 버리고
확 불어 반듯하게 누이고
손으로 쓰다듬어 주름을 펴고

엘리베이트 타고
내려가
버리고
보내고
세수도 못하고 치운 일주일 여행이 다시 일주일이 들어오네

금강경 첫 장에 내려앉는
파리 한 마리.

프러포즈

우리 놀이를 해요
놀이터가 있어요

어릴 적 손가락을 빨며
나 자신을 애무하듯
놀이를 당신과 하고 싶어요
서로의 집을 방문하는 거예요
액자도 부수는 거예요

엄마 아빠는 이런 놀이를 했어요
두 사람이 팔을 뻗어
서로의 검지손가락을 맞대어 노는 놀이
뒷사람은 눈을 감고
앞사람을 따라가는 거예요
서로의 손가락을 놓쳐
두 사람이 떨어지면 놀이는 끝나는 거예요
엄마 아빠는 이런 놀이를 했어요

하나의 직선으로 길 찾기가 이루어지는 놀이
하나의 점은 반딧불이 되고
산다는 것은 한 점에서 시작하는 무수한 선긋기예요

한 마리 새가 앉았다

날아가 버리고
놀이를 당신과 하고 싶어요.

구름도 벗이 되니 외 1편

김｜복｜만

산중신곡山中新曲에 그려진 시상詩想을 본다
거침없이 피고 지는 몸짓들
삶의 언덕에 비치는 묵언默言의 노래
넉넉한 희로애락의 꽃무늬 아닌가

오월의 갓밝이에 풋 노을의 멋
오색으로 엮어지는 아다지오adagio 흐름이여
칠월의 서산 너머 능선 내달려
피어오른 연보랏빛 비단결 꽃덤불

구시월 솟은 하늘 끝없이 뿌려진
비늘 조각구름 강심까지 잡고 있다
첫여름 뭉게구름 목화송이는 덤이다

때로 한여름 제풀에 옻칠도 뿌리지만
빈 가슴 머무는 벽공碧空의 그리움이다
무시無時로 멋대로 시름을 걷어 주는
언제나 기약을 할 수 없는 새파란 도포자락
매듭 굽이마다 풀어 이어 주는 곬

낙조의 꽃구름 밤새 사라지는 공허空虛
설원雪原에서 손짓하는 저 너울구름
그대로 너와 나 푸른 나그네
영혼을 적셔 주는 풀빛 같은 법열法悅이다.

가을이 사라져 간 길목

떠남의 너울이 차갑구나
비워짐의 허전함이 본능인가

겹겹이 피어오르던 봄꽃 무리
두멧길, 초경草徑에 질척이던 초록 물결
생명을 구가하던 푸나무 너울 몸부림
열정으로 시공을 넘나들다 떠난다

꽃잎 열매들의 실어失語 같은 사라짐
일체 생물 교감의 손익은 0이었다
질량불변이 윤회의 언덕인가
오고 떠남은 생명의 존엄이다

압화들 요염 가녀린 낭만에
비늘구름 젖은 강물이 깊어진다
인연의 열기도 끈끈함이 제격이니

다시 오라 돌아오라

아프면서 피어오른 꽃불들이여
비워진 골짜기 떠나 버린 넋들이여

허무의 모진 물살을 지워다오.

대숲 외 1편

김 복 성

낮게 깔린 비구름들이
대숲에 머물러 있다
깜깜한 밤에도 흔들며 사각대고
칼바람에도 넘실넘실 춤을 춘다
한 해 한 해 비우고 텅 비워 가며
비밀을 담아 매듭지며 자란다
곧고 단단히 치우침 없이
언제나 해를 향해 더 높이 올라간다
숲을 가른 햇살에 어린 죽순이 자라는
대숲에서 구불어진 내가 보인다
찌든 오물 비우고 또 비우며
태양을 향해 반듯이 대숲에 서다.

어느 언어 구두쇠

어금니 속에서 곰삭지 않아
해갈시킬 마중물 한 방울 없이
입으로 사각거린 모래만 씹는다
언제부터인가 자신을 잉태시키고
입술과 움을 자물쇠로 꼭 잠근다
어둠을 헤맬수록 새벽이 오지 않고
숙성 기한 넘긴 독성에게 공격당한다
찢기고 썩고 애태움을 인정 못 받고
여생의 미문에 갇혀 우울해진 언어 구두쇠
입속에 가득 낀 안개를 토해내고
속 갈피를 하나씩 넘겨본다
아직 태어나지 못한 자신을 출산시키고
가슴에 안개꽃 군락지 만든다
멀리 피어 있는 딸 꽃 남편 꽃을
빛바랜 안개꽃에 꽂아 본다.

믹스 커피 외 1편

김｜봉｜겸

갈褐꽃가루 한 첩에다
정淨한 물 따라 붓고
휘휘 저어 지어낸
환상의 묘약妙藥

한 나절 살이에도
고달픈 몸, 서러운 맘
한 모금에 달래 주는
순백의 정情

품위品位를 따지다간
그 맛 도저히 못 보리
살짝 쥐고 들여다보는
깊은 우물.

민들레 홀씨

하늘을 우러른 간절함으로
하얗게 센 머리털엔
생명을 담고

그 작은 꽃술마다
어제 오늘과 내일이 모여 살지

그 마음에는
무쌍한 변덕이 숨었어도
너와 나의 봄은
그저 설렘이 아니냐

거친 바람이 불기 전에
널 품으리니
순한 가슴으로 안겨 오려무나.

합의合意 외 1편

김 | 사 | 달

"외할아버지는 학자이셨느니라."
자랑인 듯 비아냥인 듯 말씀하시던 어머니의 짙은 눈썹
우케덕석에 호랑이 비가 와도
공맹에 심취하신 어머니의 아버지

아무래도 혼자 좋아 혼자 취한 사랑방 샌님이 아니셨나 싶다

"우리 외할아버지는 시인이란다."
뽐내며 세워드는 외손자의 엄지손가락
닭 꼬랑이만 살랑거려도 손 씻고 들어앉은
아무래도 난 돌팔이 시인인가

혼자 좋아 혼자 빠지는 나만의 세상

외할아버지와 외할아버지가 만나서
그렇게 사는 법이 아니라는데 합의를 본다.

농부와 서생

흙에다 시를 쓰는 농부의 손

십년은 땅에다 씨앗을 들춰야
손끝이 붓끝으로 변할 수 있지
냉대 없이 흙덩이가 두 손을 받아들일 때
그때서야 비로소 농부라는 이름으로 대지에 설 수 있다

백지에 사군자 치는 선비의 손

십년은 백지에다 먹물을 발라야
붓끝이 손끝으로 변할 수 있지
번짐 없이 화선지가 몽당붓을 맞이할 때
그때서야 비로소 서가라는 애칭 하나 얻는다

맨손을 흙속에 넣어 젖가슴으로 느껴지면
하늘은 그대에게 농부라는 이름 하나를 점지하신다
차돌 벼루 구멍 내기 열 개는 넘어야
그때서야 비로소 명필이란 이름 하나 받을 수 있다.

한복 외 1편

김 서 연

곡선이 살아 있는 마력
어깨선을 감싸 안고 목선을 살린
희디흰 백조의 긴 목

한국의 여인이면
한두 번은 입어 봤을 고유의 의상
원색의 의상 속에
정숙함이 배어 있는 선 고운 자태

사계절 어느 때고
여인의 고풍스런 멋
잔칫날 파티에 어김없이 참석하여
분위기를 고조시키는 스란치마

한 땀 한 땀 떠올린 조각보
감색 저고리 받쳐 입은
자르르한 맵시의 홍조 띤 여인
한번 보고 다시 보는 뭇 시선에
한국의 상징인 여인의 한복.

고무신

모르리라
요즘 애들은
신발을 벗어 놓고 신발 위에 버선을 얹어 놓고
한겨울 언 땅에서 고무줄놀이를 하던
그 예전 아이들의 놀이를

꽃무늬 고무신은 사치였다
질기고 투박한 까만 고무신
그것도 닳아 해질까 봐
마음놓고 뛰어놀지도 못하던 그 시절

어쩌다 도시의 아이가 신은
운동화와 옥색 신
전학 오신 여선생님 딸의 짧은 치마가
선망의 대상이요 꿈 같은 모습이었다

어느 날
꿈이 현실화되어
할머니가 사다 주신 꽃무늬 옥색 신
신기도 아까워 닦고 또 만지며
마루 위에 세워진 날이 더 많았던
옛날 같은 그 추억.

동물과 인간의 차이 외 1편

김석태

공중을 나는 새는 지저귈 때 예쁘고
견공은 짖을 때 믿음이 가며
소들은 되새김질할 때 건강미가 있다

이들은 입 놀리는 것이 미덕이지만,
인간사, 침묵이 미덕일 때가 많은 법
절제와 중용은 자유를 실감나게 한다.

술

기원전 40세기 전부터 귀신 국물이라며
술을 마셨다는 박카스와 니다바

사나흘간 취해 있었다는 알렉산더대왕
비베리우스(술꾼)라 불렸던 티베리우스황제
달 따러 호수에 뛰어들어 익사한 이태백
술 취해 바지 벗고 소 타고 다녔다던 시인

최후의 만찬에서
"새롭고 영원한 계약을 맺은 내 피의 잔이니,
너희와 온누리를 위한 것이다." 며
포도주잔을 높이 든 예수

이 같이 마셔야 하는데, 난 그렇지 못하네….

다정한 이웃들 외 1편

김｜선｜례

이사 오던 날 먹먹한 가슴 가눌 길 없어라
옆집 윗집 아랫집 행님들 아우님들
모두가 나와서 이별의 아쉬움에 눈물로 달랠 손
그동안 함께 했던 시간들이 해운대 장산자락에
묻고 오던 날 텅 빈 것 같은 빈 가슴

이웃에 마음은 동지요 살붙이 같은 마음
기쁨과 슬픔 위로를 나눈 다정한 애인 같은 것
잊지 못한 시간들이 겨울 끝에 흐느낀다
잘 가서 잘 살아라 못다 한 시간의 아쉬움들
건강하니 잘 살아요 가끔 들르겠다는 약속들

이렇게 많은 사랑을 받았다는 감동에 물결
잊지는 말아야지 다정한 나의 사랑 이웃들
봄이며 함박웃음 앞세워 쑥을 가득 캐 와서
쑥떡이며 쑥 버물 전을 부쳐 함께 나눈 시간
나의 인생에 있어 추억의 한 자락 가슴에 심어 왔네.

어느 닭집 부부 이야기

용원 땅 작은 가게 안에서 사랑이 익어 간다
쫘~짝 보글보글 지글지글 바쁜 시간 위로
땀방울이 폭포수처럼 흐르고

첨벙첨벙 180도 끓어오르는 기름 위에 닭들이
헤엄을 거침없이 치면서 맛나게 익어 가고
부부에 일상도 사랑과 행복 미래를 꿈꾼다

아들 둘에 예쁜 딸 하나 교육에도 열정이
꽃피고 인정 안에 주위의 부러움이 넘친다
가끔은 생각이 달라 옥신각신 다툼도 하지만

누가 봐도 선남선녀이다
남자다운 기질의 남편과 어여쁜 안사람
토끼 같은 아이들 부지런한 손길이 마냥 바쁘다

바빠지는 시간만큼 사랑도 깊어지고
조금씩 키워 가는 꿈과 행복 평원함이 영원하길
두 손 모아 가만히 기도해 본다.

어머니의 향기 외 1편

김 선 옥

살수록 가슴 한 켠 울림으로 다가오고
돌아보면 그립던 정 문득문득 당신 모습
오늘도 어머니 하고 애절하게 불러본다

아주까리 기름 발라 가르마를 곧게 타고
곱게 곱게 빗어 내려 가로지른 은비녀
어여쁜 치마저고리 정아하게 나부낀다

장미꽃 함박꽃 텃밭에 푸성귀며
닳아진 뙤약볕이 정수리를 두들겨도
오뉴월 자식 위하여 밤낮 없이 가꾼다

긴 세월 맺힌 눈물 하염없이 뿌려 가며
먼 하늘 바라보고 헤어 보는 저녁별
고운 님 그리움으로 아로새겨 피어난다

잔잔한 미소 짓고 맑은 눈매 한결같고
새파란 고향 하늘 다가가서 마주 서면
모두를 밤낮으로 동그랗게 강물로 포용한다

푸릇푸릇 일어나는 태산이 된 어머니
숨결 이는 산새 울음 빠짐없이 버무리어
동동동 꽃잎 굴리면서 실핏줄로 담고 있다

깊이깊이 뿌리박은 당신의 가슴 밭
한결같은 세월 앞에 성스런 그 모습이
겹겹이 감겨진 사랑 줄 한 몸으로 일어선다

티 없는 당신 모습 뻐꾹새로 날아와
한동안 밤을 새며 도란도란 삶의 벌판
아릿한 불꽃 체취로 싱그럽게 일렁인다

은은한 달빛 아래 초롱한 눈빛으로
노오란 사연 안고 주무르며 아우르며
가녀린 뽀얀 마음 담아 긴 타래 이어 간다

치솟는 열정과 타오르는 생명으로
별빛 노래 부르면서 깊은 삶을 잉태하는
길 따라 우주를 쓸어안는 어머니의 푸른 향기.

호박꽃

하늘 향한 호박꽃을 가만히 들여다본다
꽃술 향기 황금 빛깔 가슴속 휘감는다
어머니
향긋한 노오란 시럽
먹여 주던 그날 그때.

나, 말 놔도 되지? 외 1편
―시인 송수권

김선우

늦은 가을
나의 혼을 품고
설레는 마음은 광주를 향해 달려갔다
서너 시간 후
'금당 가는 그 집'에서
낯설지 않은 듯
시인과 마주 앉아 세월을 나눴다
얼마 후
떠나려는 내 손을 잡은 시인은

"소년처럼 순수한 데가 있네, 나 말 놔도 되지?"

상경길 내내
그 말이
나의 뇌리를 떠나지 않았다
며칠 후 나는
육필의 혼이 담긴 시인의 마음을 품었다.

꽃과 구름의 향기
―후백 황금찬 시인 백수 축시

나 어릴 적 아득하지만
어느 방송 프로에서
시를 낭송하고 있는 그 님을 보았습니다
낭랑한 목소리에 묻어 사방으로 번지던
꽃과 구름의 향기!
그 님이 지어 놓은 꽃밭, 꽃길을
나 걸어봅니다
항상 바람으로 서서 원했으되
그 꽃밭에 떠 있는 하얀 구름이 되기까지
참으로 오랜 시간이 흘렀습니다
그 님의 머리에서도
수많은 날의 흔적 그대로
흰 구름이 덮였으나
챙, 챙 부서지고 있는 그 님의 구름 사이
그 꽃밭에서는
오늘도 천 년을 기원하는
백일홍 수천 송이가 피어
그 님의 장수 무병을 환하게 웃고 있습니다.

찔레꽃 필 때면 외 1편

김 선 종

오월의 여왕이
하얀 꽃 중절모에
조아리고 앉아서
가시 옷 둘러친
넝쿨 속 속내를
벌들이 날아와
꽃이불 덮어쓰고
연홍색 스카프
둘러맨 철쭉도
미소를 날리는데
자줏빛 감자꽃은
씨앗을 품으려
가슴을 열었나 보네.

달그림자

천지天地에 달빛은
그림자를 뿌려 놓고

옥수玉水에 달빛은
님에 얼굴 그려내며

심중心中에 달빛은
님의 품속에 묻혀 있네

새근새근 속삭이는
풀잎 숨소리만이
내 마음 잡아 놓고

밤하늘에 별님들
노랫소리 바람결에
들리는 듯
애간장만 녹는구나.

수목樹木

김│성│계│

연산 지수 준령
초립 청태
청학 지수
자상 줄기 엉켜
인수 상맥
청청 낙락 성켜
무편불멸의 수단樹壇 터
수덕무자樹德務滋의 도

나비는 꽃을 생각한다 외 1편

김성일

나비 가슴에는
언제나 함께 한
그리움의 꽃이 있다
그 꽃의
깊고도 긴 과거는
사기그릇 꽃무늬처럼
아름답지만
붉은 장미 떨어진
엷은 입술에는
어두운 그림자가 서려 있다
나비는 싹트지 않는
미래 속에서 향기 맡으며
오래오래 나래 흔들었다
나비 가슴에는 언제나
붉은 장미꽃이 피어
아름다운 꽃그늘 속에서
끊임없이 역사를 그려낸다.

쓸쓸히 웃는 꽃들
―돌섬 국화 축제

너무 많은 말들을 남긴 사람들이
사철 푸른 꿈 키우려고
갯바람에 부대끼며
황금빛으로 가을의 심장을 펼친다
꽃들이 얼굴을 맞대고
다보탑 석가탑을 쌓아 올리며
환히 벙글은 꽃들의 웃음소리와
아사녀의 무거운 옛이야기를
꽃잎에 풀어 놓았다
돼지 섬에서 가슴 설레며
섬의 깊고 깊은 곳까지
미심쩍게 바라보는 순간
시간이 나를 놓아 버렸다
밀면 다가오고 당기면 멀어지는
파도 한편에 활짝 웃고 선 너에게
가을바람은 애틋한 비련을 남긴 채
나를 흔들며 지나간다
저녁노을 바라보며
쓸쓸히 웃는 꽃들과
저 해풍의 서걱거리는 욕망을 뒤로하고
이제 낯익은 그리움을 찾아
돌아서서 차마 길 떠나야 하리.

무궁화꽃을 피우고 외 1편

김 성 자

삼천리 짜 늘린 무궁화
꽃은 피어
사랑의 향기
품어 내고 있습니다

꽃동산 만들어 희망 키우고
오랜 세월 끼워
조국의 향기로
피어내고 있습니다

역사는 수레처럼 돌아
아름다운 풍경 짜 늘리듯
무궁화꽃 피우고
우리들의 삶
허기진 자리 달래며
빛으로 무리지어 내를 이루고

천년 세월 감아 늘리운
빛나는 강산 무궁화꽃은
사랑의 향기로 돋아
흐르고 있습니다.

아직도 가슴 한 언저리에

사는 일이
삶의 무게에 짓눌려
쉽사리 일어서지 못하고는
그래서 하늘 한번 제대로
쳐다보지 못하고
고독과 즐거이 얘기하는 언니야

실바람에 그대 마음 그득 채워
구름 위에 띄워 놓고
어눌한 아이처럼 꿈꾸듯
바라보라 언니야

하늘에 꽃밭을 만들고
영혼의 다리 만들어
낭만의 노래 곡조 담아서
바람에 실려 전해 주랴 언니야

굼틀어 밟히는 한恨이 있어도
메아리쳐 오는 그리움
싱그러운 웃음으로
하늘까지 닿으랴 언니야.

장마 외 1편

김 수 야

자욱한 물안개 뒤편에 숨어
맑은 해 보려 하나
장맛비 시작되는 여름일세

잡힐 듯 말 듯
떠오르는 그리움
땀방울처럼 송송 맺히네

무슨 사연 있어 날 저물어도
한몸 되어 내리는 줄기
골짜기 물바다 만들었네

가슴속 내 마음은
마치 길 잃은 나그네
눈길 닿는 골짝마다
피어나는 안개

저리도 미련이 남았을까
눈물 어린 그리움
산마루에 걸려 있네.

갈림길

말도 없는 밤의 설움
초승달이 마중 나와
메마른 가슴 적신다

바라보는 별아
잡히지 않는 손끝에
설익은 시어들이 나폴거린다

계절이 오갈 때마다
잔주름 무거운 삶
여미게 하는
침묵의 그림자

그 흔적의 튼 살 위로
연기처럼 날아간 세월
밤은 내일의 태양을
잉태하기 위해
바쁜 걸음으로 따라나선다.

여름에 띄우는 편지 외 1편

김 순 녀

일곱 살
개구쟁이 같은 소년이
껑충거리고 뛰어옵니다
이놈이 글쎄
아랫도리 감추지도 않고 껑충거리니
온 동네가 땀에 젖습니다
벌거숭이 태양 아래로
철썩거리는 파도를 타고
알몸으로 달려옵니다
은모래 밭에 누워
바라보는 뭉게구름은
하느님만 아는 조각이고 그림입니다
여름은
덜 익은 풋사과 맛
여물지 않은 일곱 살 소년입니다.

칠월을 맞으며

진하고 어색한 향기로
꿀벌을 유혹하던 밤나무
그도 유월이 간다고 기죽어 있고
데칼코마니로 남아 있는 하반기를 맞는
오늘은 칠월 첫날입니다

있어야 할 것을 잊어버리고
버려도 될 욕심만 가득 채워
뒤뚱거리지 않으며 부족함을 탓하기보다는
받은 것과 가진 것에 감사하여
웃음 짓는 얼굴이었음 좋겠습니다

소낙비에 흠뻑 젖어도
조약돌을 주워 물맷돌을 던지는 여유와
고무신을 머리에 이고 뛰던 추억으로
정수리를 벗기는 그대를
애증으로 반겨 맞겠습니다.

행복한 동행 외 1편

김｜연｜하

끈끈하게 맺어진 인연으로
모닥불을 피운 듯 따뜻한 동행 길은
고통이 따르지만 행복합니다

담소하게 밀어를 나누며
향기 그윽한 꽃길을 함께 걷는 동안
마음이 하늘빛처럼 맑아지고

은은한 국화 향기가 스미는
꽃길을 걸으며 한결같은 삶 속에서
불꽃같이 활활 타오르듯이

강물같이 흘러 흘러가는 세월
폭풍우가 몰아쳐도 서로 끌어안고
마지막 순간까지 사랑하기를….

채석강

변산 격포에는 고전이 쌓여 있다

책은 친구이고 지식의 보고
아득한 옛얘기를 들려주기도 하며
미래를 예측할 수 있게 한다

그와 아름다운 눈맞춤은
모락모락 피어나는 책 속의 언어와
상상의 노트로서 메아리친다

책은 인생의 나침판이고
원활한 소통의 길이며 행복의 비타민
평생 편안하게 해주는 친구

마음속에 다지는 끝없는 공감대
따뜻한 가슴속으로 미래를 엮어 가는
믿음직한 동업자이다.

자목련 외 1편

김 영 돈

그리움이 가슴 저미는
마른 봄날
자주색 치맛자락
여민 틈새로
엷게 번지는
자목련 향기가 슬프다

뒷산 송홧가루
노랗게 날릴 때

탁란에 한이 서린
뻐꾸기 울음은
왜 아니 슬프던가
청보리밭 이랑 사이
종달이 꿈 여물어 가면
서러운 봄도
함께 익어 가겠지

아련한 봄밤 꿈속에
이별의 아픔을
마음 열어 토해내고
봄비에, 날개 젖은
나비처럼 스러져 갈

낙화의 서러움

보랏빛 향기에
멀리 띄워 보낸다.

귀향歸鄕

몸져누운 마른 잎이
서걱거리는 기침으로
가을을 앓고 있다

천년을 버티어 웅장한
올곧은 나무를 위해
이제 낙엽이라는
남루한 모습으로
육중한 그림자 드리우고
우뚝 올라선 높다란 나무를
자랑스레 바라보며

어금니에 감추었던
고운 미소 하나 이슬에 헹구어
석별을 채비하는
정갈한 여정旅程

떠들썩, 한 순배巡杯 돌아간
윤회의 축배
넘치던 푸른 잔 비우고
돌아가는 길섶에서
소풍 떠나는 아이처럼
그리도 들떠 서두르는가

그래서 더 애잔한
낙엽의 조촐한 귀향길.

설산 외 1편

김 영 화

알포도보다 더 아름다운
겨울에 눈 덮인 산

나의 눈앞에 다가와
하얀 속살로 반긴다

나무가 옷을 입고
백색 가루를 흩날리고
온화한 모습으로
내게 다가온 너

인간의 묻은 속세의 때
저 하얀 색깔로 씻어
세상의 어두운 곳이 없는
참다운 세상이 그립다.

고향길 가로수

물 맑고 공기 좋은
그곳은
나의 고향이어라
가끔 꿈속에서
고향의 향수를 느끼는
꿈을 꾸지만
항상
마음과 달리
아쉬움만 남긴 채
잠에서 깨어나고
아름드리 가로수 도로 따라
길게 늘어선 그곳은
나의 고향이어라
지금은 얼만큼
자라 있을지
빈 포장도로 옆
길게 늘어선 가로수
내 어릴 적 그늘이고 바람막이였지
지금도
고향을 그리는 나를 위해
기다리고 있을까.

오동도 외 1편

김 옥 향

겨울 바다

파도가
바닥을 치고 치솟아
골짜기를 지나
용문을 두들긴다
생生의 절정에서
떨어지는 동백꽃처럼

떠올라
절벽이 되더라도
하늘을 여는 꿈.

금오도

바렁길을 나선다
산 따라 물 따라 가는 길
걸음을 내딛을수록
산은 깊어지고 바다는 멀어진다
많이 걸을수록 힘은 들지만
힘이 들수록
바다는
더한 절경을 감추었다
하나씩 내보인다
아슬아슬한 협곡을 지나
산을 내려가는 길목에서
낮은 해안선을 따라오는 파도
일상의 소리를 부른다

살아 있다.

화병 외 1편

김 일 성

주로 마음의 병으로 나타난다
억울함, 분함, 화남, 속상함으로
분노 증후군의 하나

분노는 억제로 인해 발생한다
감정을 절제하는 억압 문화에서 온다
화병은 한국인의 고유의 정신질환

자신감, 자존감이 떨어지고
우울증, 신경증에 걸리기도 한다
억눌리고 방해 받아
자꾸 쌓이기만 하면 화병.

나무는 나무

나무는 제각기
한 자리에서 자태를 뽐내며
봄이면 어엿이 새잎을 틔우면서
한여름 초록빛 장관을 연출한다

하지만 그 열기는 머지않아
자연의 섭리에 따라
한 잎 두 잎 색깔 옷으로 갈아입으며
무슨 사연을 간직했는지

흩날리는 낙엽이 되어
내일이란 역사를 쓰며
계절이란 선순환 구조에 들면서
나무는 나무라고 합니다.

해무海霧 외 1편

김ㅣ종ㅣ기ㅣ

비는 바다를 덮는 이불이다
바다가 누워서 덮이지 않겠다고
바람결에 너울너울 파랑 춤을 춘다

나도 바다처럼 눕기 싫고
바다처럼 덮이지 않으려고
모랫벌을 정신없이 뛰어다닌다

바다와 한몸이 될 순 없지만
나는 바다의 분신인 양 함께 젖는
벗이 되려고 나름 기를 쓰는 중이다

뽀오얀 해무가 해변을 감싸 안고서
바다의 물방울을 흡입했다 마구 토한다
내 시야에서 바다고 안개고 파도인 채
무한한 해무는 지금 무작정 함묵緘默이다.

우리 바다

동해 남해 서해가 우리 바다다
이탈리아의 바다는 지중해뿐이다
지금도 북아프리카의 난민들이
수장 당하는 절통한 애곡의 바다다

동해의 일체이명一體異名은 일본해,
독도를 기점으로 하고 서쪽은 동해고
동쪽은 일본해, 두 나라의 격투장이다
독도는 유구 이래 우리 땅 우리 바다다

남해는 가장 넓은 우리 바다다
일본과 중국과 태평양에서의 경계는
마라도 아래 파랑도를 중심으로 한다
다정한 우리 바다에서 세월호가 침몰해
304명의 애먼 목숨이 수장된 비극이 있었다
세월호의 세대가 바다를 보면 눈물겨울 거다

우리와 북한의 서해는 중국의 황해다
삼국 중간의 해상선이 노상 아슬아슬하다
꽃게잡이를 필두로 어장의 침범이 극한이고
연평해전을 비롯한 북한의 침략이 절박하다
언제쯤 세계의 모든 바다마다 평화가 깃들까.

쌀엿 한 가락 외 1편

김 종 원

못먹고 못살던
배고픈 시절
어머니는
셈법이 약해
경제권이
아버지에게 있었다

가을 운동회 날
어머니가 가져온 점심
꽁보리밥에
풋고추 참기름 조금 넣고
버무린 양념 된장
꿀맛 같았다

어머니가
한 마을 엿장수에게
보리쌀 한 됫박 주기로 하고
외상으로 사준
쌀엿 두 가락

혼자 먹기 쑥스러워
어머니와 나눠 먹던
쌀엿 한 가락

감지덕지感之德之
너무나
달콤했다

태산泰山 같은 모정母情이여
야산野山 같은 효심孝心이여.

화火난 백두산

백의민족의 영산靈山
휴화산休火山으로
침묵하고 있는 백두산
용암을 분출하려나
속 끓이고 있다

민족 정기 하늘에 빛나
서기瑞氣 어린 백두산
활화산活火山이 되려나
핵실험에 충격 받아
폭발 직전에 서 있다.

혼자 한 사랑 외 1편

김 진 동

가만히
혼자
간직하고서
피 흘리는 사랑이
저기 또 있네그려

혼자 한 사랑이
백양지에 객혈하며
그저 바라보기만 하다가
붉게 붉게 타는 숨결로
동백꽃 되었던가

그 영혼
조용히 숨죽여 다녀갔단 걸
알고부터 해님은
혼자서 뉘우치며
일몰 때마다 눈자위가 발그스름해져
저기 저렇게 산 허벅다리와 불두덩 사이에서
체온을 달여 먹이는 거라네.

길 없는 곳에 다리를 놓고 싶어

한 수 접어주고 싶도록 볕 잘 드는 날에는
별 재미도 울림도 없는 이야기에 풍선처럼
몸이 들려 내미는 손마다 뿌리치지를 못하고
거들어 주고 밀어준 적 있었지

어떤 땐, 온갖 금빛 거짓의 나무에는
더 환한 꽃이 피어오르는 이유를, 가면 뒤에
뜨거움이 숨어 있는 이유를 번연히 알면서도
멈춰 설 줄을, 떠날 줄을 몰라
흐드러지게 앓은 적도 있었지

생각하면, 까다로운 생을 향해
감정 밭에 풀씨 무성했던 것인데
길 없는 곳에 다리를 놓고 싶은 그 마음
지치도록 홀로 두고
배지느러미로 빈 집 마당을 한담閑談하듯
갉아먹으며 그림자 한 자락씩 깔고 가는 햇살처럼,
시 한 줄 그윽한 눈으로 어루만져 주지 않고
말 달리듯 훑고 지나쳐 시를 외롭게 하는 사람처럼,
6월은 또 왜 저리 뒤도 돌아보지 않고
찰기 없는 시선을 뿌리며 허수히 잦아드는가.

상덕시장常德詩墻 외 1편

김 태 수

도화원桃花源 선경仙境이라 문인들 자주 찾아
도연명陶淵明 대시인大詩人도 이곳에 머물렀고
어촌漁村에 해가 지니 삼일동휘三日同輝 기관奇觀일세

유엽호柳葉湖 거닐면은 구십구 세 장수라니
백리 길 원강도보沅江徒步 몇 년을 넘겨 살까
글 쓰며 오래 살 곳은 세외도원世外桃源이라네

구름은 천리千里요 도화桃花는 만지萬枝로다
기문奇文과 기경奇警 글귀 십리 길 시詩 천여 수
흑시장黑詩墻 찾는 이 많아 닳아 흴[白]까 두렵네.

※상덕시장: 중국 호남성 상덕시에 있음

상춘축제

어슴새벽
벚꽃 부름에
청풍으로 달려갔다

연이은
청풍호로淸風湖路는
상춘객으로 더넘차고

꽃 한 송이 머리에 꽂고
인증샷 하는 청춘 남녀

바람살의 앵화엽櫻花葉
나비 춤추며
연분홍안軟粉紅顔 스치더니
입맞춤까지

세상일 모두 잊고
어우러져 즐기니
벚꽃[櫻花]이
벗꽃[友花]이길.

화해 외 1편

김태자

다시 보지 않으리라
심지 굳게 다지고

돌아서서 눈물로
걸어온 길 새기니

이대로 그게 아닌데
한숨만 쏟았었네.

긴 세월에 한 마음
순간에 남이 되어

밤마다 잠 못 이뤄
그 어디부터일까

비로소 원래 제자리
소중한 새살 돋네.

몇 달을 담을 쌓고
서로를 원망하다

어설픈 말 한마디
그 깊은 문을 여니

긴 호흡 조심스럽게
눈치 먼저 살피네.

친구는 내게

그대가 드문드문
물어오는 안부에

지쳐 버린 하루가
단비에 몸을 씻고

물 젖은 머리를 털며
어깨를 추스른다.

그대가 이따금씩
걸어오는 전화에

짓눌리는 일들이
개울을 건너뛰고

돌쩌귀 흐르는 물에
두 발을 적셔 본다.

그대가 가끔가끔
위로하는 몇 마디

어지러운 고단함
스치는 바람에 얹어

이제 막 피어난 꽃들
두 눈에 담아 본다.

그날이 없었더라면 외 1편

김｜풍｜배

그날이 없었더라면
한 하늘 아래 피어나는 꽃도
저렇게 나뉘어
나부끼지는 않았을 게다

그날이 없었더라면
푸른 하늘 날아가는 새도
임진강 건너가며
다른 노랠 부르지는 않았을 게다

그날이 없었더라면
산에 사는 짐승도
네 땅 내 땅 따져 가며
살금살금 기어가지는 않았을 게다

북극 얼음은 녹고 녹아
자꾸만 얇아져 가는데
오로지 한반도 얼음만
두꺼워져 간다

누굴 위한 대포더냐 탱크더냐
누굴 위한 핵이더냐 미사일이냐

그날이 오면
지구인들 모두 불러 모으고
꽃도 새도 짐승도 불러 모으고
한바탕 푸지게 잔치하리라
한바탕 푸지게 놀아 보리라.

서산 사투리
―모캥이

원제나 반듯 헐 수만 읎지
설사 있다 헤두
그게 월매나 어려운겨!

가다 살짝 꺾어지는 모캥이
그려! 모캥이가 있어야 편헌 게여

모캥이에
잠깐 숨었다가 나와두 되구
모캥이루 돌아
영영 뵈지 않아두 어쩔 수 읎는 게지

모캥이루 돌아간 뒤루
영영 넘이 된 그녀
세월 몇 바퀴 돌아 굴렀는디두
지금두 지워지지 않는
그리움인 게여

넘덜이 그러데
그렇게 첫사랑이라구.

친구 벼슬 외 1편
—이연택 군에게

김│해│성│

  덕을 쌓는 참선비
  높은 자리 기다린데

  오늘 아침 까치가 짖더니, 내 친구가 장관 벼슬자리에 오른 소식이 TV에서 전해 주었고, 그 친구는 적고 큰 일에 덕을 높이 높이 쌓고 있더니만, 오늘은 벼슬길에서 웃고 있었다. 누구나 판서 자리 선비가 되기 어려운 일인데, 그 자리 그냥 앉은 것 아니다. 성실한 노력과 진실한 덕의 행에서 오른 자리여!

  이 순간
  축전을 치고
  서재에서 나를 찾았다.

사제師弟 현실
―오늘의 제자들에게

가르친 정
배운 도리

어디서 또
다시 찾을까

    요즘 대학 사회는 사제지간의 의리와 도리와 정한은 이미 물 건너간 지 오래다. 스승을 안중의 티만도 못한 존재로 생각하는 배움인들. 오늘은 마치 적을 대하듯 경원한다. 세상이 이쯤 되면 볼일이 또 얼마나 있을까. 하늘과 땅이 존재하듯 분명히 스승과 제자는 존재할진대 혼란한 대학 사회가 다가오니, 세상 모든 윤리 도덕 질서가 땅에 떨어짐이여.

스승을
못 섬긴 사람
어찌 높은 뜻 이루랴.

가을 금강에 가면 외 1편

김 홍 래

가을 금강에 가면
강을 따라 난 작은 길섶으론
군데군데 연보랏빛 쑥부쟁이 군락들이
함초롬하고 청초하다

강 언덕 위에는
탐욕의 보따리를 가득 실은
무거운 자동차들이
쉼 없이 도시로, 도시로 미끄러져 간다

멀리서, 굽은 강변길을 걸어가는
여인의 가벼운 어깨가 실룩거린다
가슴속에 품고 온 버거운 짐들을
다 강물에 버린 모양이다
나도 따라가며 강물에 던져 버린다
내 몸도 이내 마른 풀잎처럼 가볍다
무던히도 스스로 몸 낮추며
속 깊어지는 강물에게 미안하다
가을 금강에 가면
나도 순한 강물이 되어 흘러가고 싶다.

사랑에 대하여

누구나
자신의 사랑은
남해南海 같아서
깨끗하고 깊고 넓으며
푸르게 영원하기를
소망할 것입니다

하지만,
사랑은
생물生物도 아닌 것이
생물과 같아서
가끔은 타듯 목이 마르기도 하고
잔가지 많은 느티나무 아래서
쉬어 가기도 합니다
또 산 너머 강물처럼
아득합니다
더러는 툭 툭 그리움의 그루터기에
발을 채여 아파 절기도 합니다
달이 차기도 전에 야윈 등을 보이며
떠나가는 사람과
어느 날 예고도 없이 불쑥 찾아오는
사랑은 다 천연天緣일 것입니다.

색의 하모니 외 1편

김 훈 동

색은 세상을 덮는다
밝음과 기쁨 주며
색은 사랑을 앓는다

꽃으로 피어나는 저 색을 보라
투명한 물살 일으키며
끝없이 퍼져 나간다

색은 마법을 부른다
말 건네면 말문 열까
쏟아 부은 색은
새로 현묘玄妙한 길 연다
고분고분 길을 낸다
햇살도 쟁쟁하다

색은 지배자다
그대 몸과 혼으로 울리는
뭔가 예언하는 불빛처럼
일제히 켜지는 점멸등을 보라
세상을 밝힌다

내일 또 얼만큼 꽃 피우려나
색바람이 인다

세상의 심연 혼드는 찬란한 빛깔로
눈부신 신의 숨결
화가의 가슴속에서
캔버스 속에서 깃을 친다.

단비가 내린다

창밖 너머로
애타도록 보채 온
단비가 깨드득 내린다

뜨거운 여름 마시며
신열을 앓던 대지에
단비가 끼드득 내린다

쓰리며 조이던 맘
가늠 수 없던 가슴에
단비가 와하하 내린다

옷매무새 다듬으며
밝게 밝게 걸어가는 보도에
단비가 주르르 내린다.

겨울 숲 외 1편

남 상 진

까치들은 앙상한 집을 부끄러워하지 않는다
멀리 어둡게 흘러가는 한강은 빛을 토하고

검버섯 핀 낙엽 위로 눈이 쌓인다
살아 있는 모든 것들의 슬픔이
바람에 쏠려 서쪽으로 간다

나무는 땅속의 소식을 듣고 서서
바람 불지 않아도 흔들린다

겨울을 건너오느라 꺾인 가지
지상의 시간은 아름답다

머잖아 샛바람 불어오면
초목에 물이 오르고 나는,
늙음을 게워 오고 바스락거릴 테다.

입관

보내지 않으려 남긴 흔적으로
몸은 개울에 버려진 생리대 같았다
딸아이가 불어터진 얼굴을 쓰다듬으며
아비가 살아낸 시간을 더듬는다
텅 빈 어깨들이 출렁인다
고통이 빠져나간 얼굴은 연못처럼 고요하다
소란한 울음 틈에서 나는
그의 얼굴에 귀를 대며 말한다
잘 가라
죽음 쪽에서는 어떤 소리도 들리지 않는다
흔들리는 촛불들
어두운 벽을 만지듯
푸른 얼굴을 쓰다듬는다
부끄러움을 잃어버린 몸에 수의를 입힌다
삼베로 그의 얼굴을
세상으로부터 영원히 감춘다
장송곡이 울려 퍼진다
그의 체온이 노래를 타고
어떤 소리도 갈 수 없는 세상 밖으로 떠난다
텅 빈 몸을 관에 담는다.

봄 나그네 외 1편

노 민 환

산봉우리 따라
마을 쪽으로 내려앉은 계곡은
산수유 샛노란 물감 뿌려진 비단 치마다

꽃향기 쉼 없이
분가루처럼 들녘으로 흩어져
맑은 물길 따라 자꾸만 남쪽으로 달리고

산마루 넘는 해
저녁연기 위에서 손 흔들 때
어스름 노을도 나만큼 외로운 듯 서럽다.

매화의 계절

울타리 아래 꽃씨 뿌리고
새싹 기다리는 재미와
날마다 넝쿨 곰지락대며 자라는
행복함과 즐거움을 이제는 만날 수 있겠다

봄 냄새
솜사탕처럼 가득한 날
겨우내 파랗게 볼 얼던 사람
오두막 내 작은 마당으로 살짝 불러야겠다

눈처럼 고운
꽃향기 같은 참한 내 사랑
봄 기다리는 곳에 몰래 오면
낙동강 물길 휘돌아 산자락에 매화가 피고

굽이굽이 산길에
꽃샘추위로 숨던 아지랑이
아직 열리지 않은 내 창에 몰려와
하얗게 매화 바람결에 흩뿌릴 준비를 한다.

칼바람 나뭇가지에서 울고 외 1편

노 선 관

한소끔 감기 차례를 치른 뒤
여러 날만에
냇둑 산책길에 나갔다

추위를 박차고 나온 사람들이
장한 의욕으로
뛰든지 달리든지
아니면 운동기구에 매달려서
기량껏 자기 단련들을 하고 있다
세월을 견뎌내기 위한
저 치열한 몸짓들이
거기에 함께 하지 못하는 나를
슬프게 한다
쒸잉 쒸잉
칼바람 나뭇가지에서 울고
그 하늘을 이고 섰는
지금
내 볼따귀는
얼얼히 아리다.

허망한 눈맞춤

햇볕 고운 산책길에
예쁜 여자가 유모차를 밀고 간다

출산을 기피하려 드는 풍조가 확산되어 가는
요즈음 세태 속에서
그래도 자기만은
능히 견디고 이기면서 낳은 아기가
얼마나 자랑스러울까
유모차를 밀고 가는 여인의 모습이
거룩하고 존경스러워 보였다
아기랑 눈이라도 맞춰 볼 요량으로
설레는 마음으로 유모차 앞에 마주 선다

아가야 까꿍 하고
눈길을 맞추려는 순간
유모차에는
강보에 쌓인 털북숭이 강아지가
면구스러운 눈으로
나를 올려다보고 있다
허망해진 내 눈길이
갈피를 못 잡는다.

마음의 지붕 외 1편

노 준 현

천지가 지붕일 수는 없어도
보이지 않는 곳까지
하늘을 가리고 땅을 덮은
아버지라는 큰 지붕 하나 있었다

서릿발처럼 파고드는
칼바람에도 지붕은 흔들리지 않는다

낯설게만 느껴지는
아버지의 둥지에는
나이테 갈피에 파고드는
신기루 같은 당신의 지붕
한 조각의 작은 지붕으로는
한여름 밤 이슬비에도 무서운 한기를 느낀다.

시장 가던 날

누나 입던 한복 한 자락
뚝뚝 가위질하면
엄마 손 따라 치마 되고 저고리 되고
솜버선으로 다시 태어나
새 세상 만나 봅니다

엄마 손잡고 시장 가던 날
소록소록 눈은 내렸어도
내 손은 따듯했습니다
나 홀로 가는 오늘은
시린 손 감추려고 뛰어갑니다

봄 여름 가을 겨울
손잡고 다니던 길
가끔은 그 길 따라 달려 보지만
언제나 시린 곳은 가슴입니다.

노을로 흐르는 강 외 1편

도 경 회

강가 아그배나무 하얀 꽃그늘 아래
우수에 젖은 붉은 노을 깊어
그가 사랑한다 고백하겠네

가슴 뭉클
사랑한다는 말
황무지 푸른 힘 깨워 놓고
누마루에 기댄 초닷새 눈썹달에 무현금 켜고 있네

노을 한 깃 젖어든다
신기루처럼 떠돌다 제자리로 돌아와
다시 깊어지는 강
꽃을 피워 띄웠으면
나는 햇순을 얻어 영혼까지 봄놀겠네.

섬
—수우도

무슨 꽃이 피어 있을까
하얀 토끼풀 분홍색 자운영 노란 괭이밥
여자가 사라졌다 눈을 감았다
꽃이 되었다고 생각하면 좋을까
한 개비 담배로 마음 갈피갈피 헤아려
열기 가득한 자기들의 세계로 끌어당겨 보려고
복사꽃 두 뺨의 수우도에 앉아
백조처럼 목을 길게 빼어내다가 움츠리다가
그녀가 내뿜는 보랏빛 담배 연기 바흐와 엉킨다
소문같이 외로웠을까
거친 바닷물에 눈길을 준 채
꽃은 송이송이 그 조그만 입으로
쓸쓸한 향기 토하며 피리를 불었다
칠흑의 물소리로 일렁이는 파도가
껴안고 내동댕이치고
음정이 뒤틀린 젖은 피리 소리, 사랑은
그렇게 왔다가 그렇게 훌쩍 떠났다.

강원도 찰옥수수 외 1편

류 기 환

강원도 산비탈에 터전 잡아 낮이면 뻐꾹새 소리
발아래 계곡물 소리 정다웠고
밤이면 달빛 별빛 벗 삼아 삼복더위 이겨가며
그렇게 살았는데
어느 날 보쌈 당해 트럭에 실려
와자지껄 서울 청과물 시장에 몸을 내렸다

앉은뱅이저울에 보쌈째 올려 호사시키더니
만원 지폐 몇 장에 팔려 간 곳
세상에 태어나 생면부지한 이의 손에 잡혀
소금 한 줌 뒤집어쓰고 뜨거운 가마솥으로 직행

신세 한탄 설운 눈물 한없이 흘리다가
허연 이빨 드러내고 고향 그리움에 젖을 때
쨍그랑 솥뚜껑 열리고 험상궂은 손에 잡혀
겉옷 속옷 다 벗기고 머리털 뽑힌 채
이 손 저 손 번갈아 쥐며 놀려 대드니
뜨거운 몸뚱이 식어 갈 때쯤

하모니카 불듯이 살갗이 뜯겨 입속으로
찰지고 쫄깃쫄깃 맛있다 칭찬 소리 들으며
강원도 찰옥수수는
고향 떠나 운명의 날이 그렇게 저물어 갔다.

복숭아 가지치기

저만큼 먼 발꿈치로
연분홍 아가씨 올라오려는가 보다
겨우내 찬바람 타고 휘파람 불던
비좁은 가지 사이사이
밝고 맑은 햇살 바람 맛보지 못할까 봐
손길 바쁜 가지치기
잎눈 꽃눈 갖춘 가지 사랑받아 남겨 놓고
잎눈 가지 잘려 간다. 서러워라. 눈물 젖네
죄 없는 놈 벼락 맞듯
촘촘히 있다 하여 너도 나도 잘려 가고
저놈 혼자 남아 빙그레 웃는 모습
우린 이렇게 비명에 가지만
저놈은 오뉴월 뙤약볕에 얼굴 그을리고
독한 농약 수없이 뒤집어쓰며
아들 손자 기르느라 고생깨나 하겠구나!
그러나 우린 네가 부럽다
아들 손자 병들지 않게 튼튼히 길러
공판장 경매장이 입술에 달아주어
재빠르게 놀리는 손가락 주인에게 팔려 가서
애인들 품에 안겨 사랑받게 해주니
이 세상 태어난 보람 찾아
임무 완수하였구나!

바람의 시작 외 1편

류│순│자│

스며든 이 봄에 놀라
오늘도 아린 가슴 끌어안고 있다
봄비에 젖어 새롭게 맺힐 꽃봉오리
피어날 시간을 기다리는데
오늘도 짓누르는 바람의 수런거림만 집요하다
비가 내려도 목마른 나는 간격을 두고 하늘만 바라본다
세상의 주변에 구르고 사는
길의 돌멩이가 나는 되는가
어스름 속에서 보일 듯 말 듯 분별이 안되는
이 편에서
물끄러미 사물들을 확인하는
이제도 아픔은 새롭게 감기는 빛에 휘어진다
구차한 목숨을 끌어올리던 벼랑 끝에서
지난겨울을 말없이 견뎌야 했다
천 갈래 길을 돌아 단순한 믿음 앞에 서서
처절하게 부르는 이 노래
한기 때문에 움츠린 마음도 기지개 켠다
겨울이 가는 길목에서 줄지어 선 물음을 말할 새도 없이
나는 길을 나서고
생각 없이 입을 열어도 의기가 당당하다
눈물겹게 새삼 깨달으면서 돌아보다 부딪치는
텅 빈 하늘.

마음 찾기

나를 흔들고 가는 바람에
잡은 손을 놓치고 섰다
여과된 마음만 물결로 흐르다가
허공에 발자국 찍는다
그 많은 눈물 이제 놓아 주고
나는 저만큼 고즈넉이 기다려 준
빛나는 시간에 조바심을 낸다
미움의 손길 잊은 듯
마음이 가서 닿는 바다보다
안타까움을 읽을 줄 아는 산을 오른다
묵묵하던 내가 고단한 숨결로 솟구치듯 오른다
사치스런 기억 언저리에서
그동안 자란 마음속을 들여다본다
이 넓은 세상
해가 지고 달이 지면서
발걸음 눈부시더니 만상의 어느 자리에서도
마음을 따를 수 없다
햇살의 힘을 종잡을 수 없다
세월을 아파하지 말자.

철이 엄마 영이 엄마 외 1편

류| 재| 상|

　미세먼지로 얼굴이 몹시 창백한 이 나라 공기空氣에 미리 소아마비 예방 접종을 시켜야 해요, 세상에 하나뿐인 귀한 아들(조국)이 만약에 사지가 뒤틀리는 소아마비에 걸린다면 그때는 어떻게 하지요, 영이 엄마 철이 엄마, 어서 늦기 전에 이 나라 공기에 소아마비 예방 접종을 시켜야 해요, 거리의 자동차 물결을 한번 보세요, 이미 소아마비 증세가 나타나지 않나요, 열이 나고 사지가 마비되어 가지 않나요, 저쪽 공장 굴뚝의 연기들도, 벌써 저렇게 온통 사지가 뒤틀리고 있지 않나요, 이 나라 저 창백한 공기가 저렇게 혼자서 밖에 있어도 괜찮을까요, 영이 엄마 철이 엄마, 세상이 두려워요, 무서워요, 이 나라 강물에 미리 간염 예방 접종을 시켜야 해요, 세상에 하나뿐인 귀한 딸(민족)이 눈알이 노랗게 시들시들 앓다가 만약에 간염肝炎이라도 걸린다면, 그때는 우리 어떻게 하지요, 철이 엄마 영이 엄마, 어서 빨리 이 나라 강물에, 간염 예방 접종을 시켜야 해요, 수도권 강물의 저 얼굴빛을 좀 보세요, 이미 눈알이 노랗고 얼굴이 까맣게 변하고 있지 않나요, 자정子正이 넘어, 몰래 버리는 폐수廢水에 강물이 시들시들 앓다가 죽어 가고 있지 않나요, 철이 엄마 영이 엄마, 우리 모두가 참으로 잠 못 이루는 밤이지요, 밤이 되면 염색 공장의 저 복면覆面한 폐수가 사람의 목까지 눌러 버리면 그때는 정말 우리 어떻게 하지요, 그렇지 않아도 4대강 저 높은 수문水門이, 강물의 그 푸른 허리를 녹조綠藻로 완전히 기역자(ㄱ)로 꺾어 놓고 있는데, 폐수까지 강도로 변한다면 그때는 우리 정말 어떻게 하지요, 무서워요, 철이 엄마 영이 엄마 영이 엄마 철이 엄마, 우리 다 같이 이렇게 정신없이 산업사회産業社會를 칭찬하다가는, 이 나라 공기와 물이 언제 소아마비小兒痲痺나 간염肝炎에 걸리지 몰라요, 아직까지는 시간이 있어요, 철이 엄마 영이 엄마, 우리 늦기 전에 이 나라 공기와 물을 더욱 맑고 깨끗하게 기를 수 있는 시간이 아직까지는, 우리에게 그래도 조금 남아 있어요, 영이 엄마 철이 엄마!

수질오염

핏속에 늙은 헤모글로빈이 비상에 걸려 있다, 농부農夫가
농약의 공격으로 한없이 쓰러져 간다는 사실만으로 비상에
걸린 것이 아니다
아무도 모르는
사이에 이상한 테러가
뼛속 깊이 가공할 화학무기를 갖고 침투했기 때문이다
하얀 쌀 속에서 이미 이상한
암호가 들리고 있다
어서 빨리 일본의 이타이이타이 식으로
공격하라는
이런
암호가 들리고 있다
도도하게
흐르는 한강의 물빛이, 이 나라 핏줄로 직접 흐르는
저 한강의 물빛이, 오늘도 땀 흘리며 창백하게 흐르고 있다
가정에서 귀엽게 키운 비눗방울이, 저 하얀 쌀 속에
화학무기를
제공하는 원흉이야
아니야,
공장에서 슬쩍 버리는 저 검은 손님이
바로 쌀 속에 테러를
침투시키는
그 원흉이야, 이렇게

이 나라 창백蒼白한 물빛이 지금도 서로 타투고 있다
쌀 속에서, 달콤한 과일
속에서, 이미
이상한 총성銃聲과
암호가 들리고 있다, 이 나라 뼛속을 일본의 이타이이타이
식으로 공격하라는 그 암호가 곳곳에서 아프게 들리고 있다
우리 모두의 사소한 일상에서 시퍼렇게

수염 난, 이 엄청난 무방비를 하루빨리 잡아야 한다!

욕심의 속성 외 1편

류 한 평

욕심
범인들은 채우려 하고
도인들은 비우려 한다

욕심
커질수록 불만이 커지고
적을수록 만족이 커진다

욕심
채울수록 마음이 무겁고
버릴수록 마음이 가볍다.

어찌 하라고

봄 햇살이 눈부신
수락산 자락에
진달래꽃이 피었네

친구와 함께 거닐며
꽃향기 맡으며
교감했던 때가
엊그제 같은데
이젠 외롭게 나 혼자네

다정했던 그 친구
갈대의 순정이었던가
해가 바뀌며
꽃샘바람 되어
내 곁을 떠나 버렸네

야속한 친구
어찌 감당하라고
홀연히 가버렸나.

그러나, 아직도

맹숙영

하나의 하늘 아래
하나 되기 위한 염원이
반세기 넘도록
눈물 씨앗 뿌려도
아직도 통일의 꽃
굳은 땅속에서 몸부림쳐도
싹을 틔우지 못하고 있습니다

하나의 하늘 아래
하나 되기 위한 염원이
침략의 승냥이 덮친 척박한 땅
지구촌 16개 나라
벽안의 꽃다운 청춘들
이 땅에 흘린 피맺힌 분노의 씨앗
아직도 웃음꽃으로
피어나지 못하고 있습니다

하나의 하늘 아래
하나 되기 위한 염원이
이토록 긴 소망의 세월을
통한의 끈 끌고 언제까지
어디까지 가야 합니까
어느 날 갑자기 천둥이 소리치듯

통곡의 벽 베를린 장벽이 무너지듯
이 땅에 통일의 문 열리면
맨발로 뛰쳐나가 만세 부를 때
오 이 땅에서 숨진 고귀한 영령들이여
들으시라 그때는 편히 잠드시라.

오거리에서

바람이 수선스럽게 몰려오다
검은 구름 한 덩이 떨어뜨리고
회오리바람 일으키며 꽁지를 뺀다

다섯 개의 손가락이
다섯 개의 길을 만들며
쏜살같이 뻗어나간다
구름이 퍼지면서
흑장미 꽃으로 피어나
오거리에 검은 꽃길을 만든다

거리의 미세 먼지 경고
오존은 기준치를 넘어
땅속으로 뿌리 내린
모세혈관으로 검은 피 흐른다
오염이 물살처럼 사방으로 퍼진다
순수의 원초적 상태로의
정화는 언제쯤이 될까

무엇을 밝히려는 촛불인가
무엇을 태우려는가
촛불을 끄고 꽃불을 켤까
헌화의 붉은 장미꽃이 쌓인다

정염의 붉은 꽃 대신
순결한 흰 백합꽃으로 헌화하면
어떨까

좌에서 우 우에서 좌
갈팡지팡 극에서 극의 비애
중용지도가 무의미한
오늘의 역사적 현실은 안타깝다
파도를 넘어 어디로 갈 것인가
이 거리가 하나로
이 거리가 빛으로
재탄생 되는 날 언제일까.

호태왕비 외 1편

박 건 웅

빼앗겨 폐허된 땅에
외로이 서서
역사의 흐름 지켜보며
후손들 실지 회복하기를
이제나 저제나
기다려 왔지

한울님 점지해 준
거룩한 땅
글안 말갈인들은
요나라 금나라 세워
한때나마 지나인들을 눌렀는데
성작 주인인 단제의 손들은
반도에 움츠리고 있으니
쯧쯧 한심하구나.

꿈나무들

공부 잘하는 학생이나 못하는 학생이나
다 내일의 기둥
한 명 한 명 모두의 손을
꼭 잡아 주자

학생들은 하나같이
소중한 꿈나무
잎새 하나라도 다치는 일
없게 하자

아직은 어린 나무들이라
바람이 조금만 세게 불어도
가지가 찢기고 잎이 떨어져
상처를 입지

이 나무들 잘 자라
쭉쭉 가지를 뻗고
꿈을 펼 수 있도록
잘 살펴 주자

어른들은 누구나 나무들을 키우는
산지기 정원사가 되자.

향수 鄕愁 외 1편

박근모

간밤엔
꿈속으로 고향 집에 다녀왔지
뒤란엔 장독대가 앞마당엔 고추멍석
어머니 손때가 묻은 툇마루에 앉았어라

실개천 뒤져 가며 버들치를 잡아 주면
저녁상 보아 놓고 어미 노릇 흉내 내던
그녀의 아련한 모습
눈자위에 걸치고

시냇가 모래밭에 돌집을 지어 놓고
바가지 장단 치며
탁배기를 나눠 먹던
얼굴을 떠올리면서 적셔 보는 눈시울

조상이 닦은 터전 가슴속에 묻어 놓고
이순이 지나서야
옛 추억을 되돌리며
살같이 흘린 세월을 허공 속에 풀어 본다.

세한삼우

뒷바람 눈보라를 굳건히 이겨내니
초목의 군자리라 강인하고 푸른 기상
선비의 절개와 의리 담아내는 소나무

곧은 걸 자랑하며 굽힐 줄 모르는 게
속이 빈 몸통 속에 가득 담긴 굳은 심지
선비의 당당한 기개 사철 푸른 대나무

추위를 밀어내고 눈 속에 꽃을 피운
강인한 생명력이 봄소식을 열어 주니
선비의 고결한 인품 뿜어내는 설중매

매몰찬 엄동설한 풍상을 이겨내고
난세에 영웅 나듯 교룡이 춤을 추듯
역경 속 절의를 지킨 세한삼우 송죽매.

실버의 편지 외 1편

박｜달｜재

부슬부슬 '비'는 내리고
오늘도
너에게 편지를 쓴다
단 한 번도
보내지 못한 편지를

오랜 날을
쓰다 버리고
쓰다 또 버리고
때로는 '안녕'까지 쓰고서는
보내지 못해 또 버리고

언제까시
너에게 편지를 쓸는지
마지막 편지는
보낼 수 있을는지
확실히 말할 수는 없지만
내일도 '맑음'이라고.

그냥 그렇게

우리는
서로가 좋아서
그냥
둘이서 하나가 되었어요

세월은
살같이 흐르고
마음은
바람처럼 사라져

우리는
서로가 싫어서
그냥
하나가 다시 둘이 되었어요

좋아서 싫어서가
만남과 이별로

우리는 지금
그냥 그렇게
잘 살아가고 있어요.

시詩 외 1편

박 대 순

포도나무의 수만의 포도알이
연두색,
하늘 깊숙이 매달려 있고
내 오랜 탐욕의 눈빛에
허물어진 가을의 한쪽에서 웃는
아침 햇살이 배시시 떨어지고
농부의 마음을 움직이게 하는
과수밭에는 크나큰 바다가 있고
그 바다는 반짝거림의 신호를 보낸다
그런가 하면
비에 젖은 나신의 상사화가 있고
거꾸로 신은 고무신
길바닥을 흐르는 사랑도 있다.

유혹의 뱀

아득한 아픔의 세월 뒤돌아보며
이브에게 선악과를 먹으면 눈이 밝아진다고
유혹의 말을 던진 배 암
얼마나 큰 아픔으로 미카엘에게 패배했기에
수치도 모르고 수치도 모르고
저리도 교묘히 위장한 몸짓이랴
허물 벗은 꽃 뱀 같다
박제된 달변의 혓바닥이
날름대는 붉은 입술로
태초의 여자를 꼬여내던 언어로
신神을 물어뜯는다
저놈의 혓바닥 지치지도 않는지
오늘도 선악과 가득한 에덴동산으로 간다
이리저리 사방을 경계하는 저 눈빛
저놈의 뒤를 쫓는 나는
저놈이 간사한 뱀이라 말하는 것이 아니라
낮술 취한 듯 충혈된 저 심술
더위 먹은 듯 붉은 저 유혹의 입심 때문이다
도망가라 배 암, 오늘도
나는 숨래놀이하는 어린 광대
지나갈 세월은 아득한 꿈길이다.

양심으로 살자 외 1편

박대순

진심을 말하려니
양심이 간지럽다
거짓말하는 것은
누워서 침 뱉기다
양심에
침을 뱉으면
제 눈 입에 들어간다

진심을 말하자니
거짓이 가로막고
거짓으로 말하자니
목구멍이 막힌다
가슴이
저리더라도
양심으로 웃고 살자

몸매는 안 고와도
마음만은 비단처럼
명랑하고 아름답게
양심으로 살아가면
내 가슴
양심의 꽃이
내 인격을 지켜 준다.

파란 사랑

하늘도 파르스름
바다도 파르스름

수평선 꼭 껴안고
사랑을 속삭일 때

노을이
시새움하여
빨간 꽃을 그린다

먼 산도 파르스름
강물도 파르스름

지평선 끌어안고
파란 사랑 더 진하게

뜨거운
여름 한나절
구름으로 칠한다.

소금 외 1편

박 래 흥

영광에는
전라도 사람 닮은 소금이 많아
은유하고 과장하여 염산이라 했는가
검소한 삶은 구두쇠요 깨소금 같은데

소금 뿌려
간을 맞춰야 음식은 맛있고
세상이 썩고 썩어 냄새나지 않도록
주님은 세상의 소금이 되라고 했는데

왜 인색한 사람을 짠 놈이라 하는가
인고의 염부 눈물이 소금이 되었을까
파아란 바닷물을 말리면 흰 소금 될까

기다리다 지쳐서 다 타버린 그리움
순수한 내 영혼이 하얀 소금 되었나
주님의 넓은 사랑이 소금이 되었구나.

그 꽃 생각

고아도 파도 소리에 동백꽃 홀로 피는
유달산 산사에서 눈 감으면 초롱초롱
뭇별이 뜬다 말하고 입을 맞춘 첫사랑

이른 봄날 백목련 꽃봉오리 내밀면
숫처녀 젖가슴도
몽실몽실 부풀었다
펑펑펑
터트린 웃음에 깨어나는 내 영혼

어느 화가가 예쁘게 키우다 버린 난초
내 가슴에 심어 놓고
정성껏 물을 주니
봄마다 하얀 꽃 피워 황홀경에 빠지네

꽃마다 형형색색 인생도 각양각색
명자꽃, 백목련꽃, 동백꽃, 금잔화도
못 이룬 사랑 그리워 피고 지고 한다네.

강 외 1편
—아침

박 명 희

밤새 비 오더니
샛강이 두 자쯤 넓어졌다
빗소리에 뒤척이던 풀들
젖은 머리 말리며 몸 가누고
말잠자리 놀다가는 늪에는
개구리밥이 지경을 넓혀
초록 융단을 깔았다

어둡고 깊은 물속도
생명의 행보들 넓고 길게 교감하여
초록이 광명처럼 퍼지고
강 건너 먼 산은
바싹 다가온다

화해되지도 아우를 수도 없는
생生의 표지가 검은 구름 만들어
붉은 노을 가려도
강은 달린다
지금은….

달개비

그리운 길에서 답서가 왔다
달개비 석 장 잎 동봉하여

잡초로 뽑혀져 밟혀도
땅에만 닿으면 다시 뿌리 내려
꽃 피우는 질긴 생生
반달 잎 사이 다소곳한 꽃잎이
말한다
그리운 길이 따로 있냐고
밤과 낮은 어디든 있어서
욕심 버리면 앉은 자리도
그리운 곳이라며
나즈막하게 우주를 껴안은
짙푸른 몸짓

그래서 너의 다른 이름을
존경이라고 지었나 보다.

※달개비: 꽃말은 존경

바람[願] 외 1편

박 상 교

실체는 없으면서 보이는 듯한 영상映像
소리는 없는데 들리는 듯한 환청幻聽
생각은 많으나 머무를 곳 찾지 못하고
켜켜이 쌓여만 가는 마음들

삶이란 예습도 없고 복습도 없이 냉랭한 현실
세상사야 어찌 돌아가던
지구는 오늘도 어제와 같이 세월이란 것을 보내고 있으니
어쩌는 수 없이 우리도 따라갈 수밖에….

따뜻하고 포근한 정 나눌 수 있는 이웃
진실과 순수가 상통하는 그런 인간사
이루어 가며
세상을
더 넓게 더 높게 더 깊게 보는
혜안慧眼을 가지고 살았으면….

허무

잔잔한 파도가 좋아
움켜잡고 보니
파도는 간 곳 없고
손에는 물만 남아 있고
시간이 흐르니 물도 없어지고
빈손만 남더이다
그래서 세상사를
공수래空手來 공수거空手去라 했던가요?

타래난초 꽃 외 1편

박│서│정

햇발이 들여다보는 화분에
하늘거리는 풀 한 포기
뽑을까 말까 망설였는데
그냥 두고 지켜본다

어느새 긴 꽃대 돋아나
촘촘한 까끄라기로 감싸드니
꽃망울 볼가지고
비비 틀어 뱅글뱅글 피어오르는
작디작은 타래난초 꽃

가느다란 꽃대 사이로
모두 지나간 바람의 그림자
곱디고운 분홍빛
나사못 꽃
내 안에 파고든다.

돌절구

돌절구로 곡식 찧던 시절
어머니 손때 묻은 절굿공이
눈물 강 출렁인다
논두렁 다듬고 동네 일꾼 모아
모내기 바쁘던 어머니

점심 준비는 열다섯 살 나의 몫
무릎까지 오는 어른 장화 신고
돌절구에 감자 넣고 물 부어
밟고 밟아 껍질 벗겨
드므 물로 씻어 썩뚝썩뚝 썰었다

가마솥에 켜켜이 양념한 감자 요리
보릿짚 번갈아 발로 차며 아궁이 불 때고
솥에 익힌 음식 구수하게 차려낸 밥상
그날의 칭찬 아직도 선한데
지난날 어머니의 돌절구
천년바위로 그 자리 지키고 있겠지.

거미줄에 갇혀 외 1편

박│숙│영

내일을 안다면
이렇게 조급하지 않을 텐데

믿음이 있다면
이렇게 불안하지 않을 텐데

진실을 안다면
너에게 비수 꽂지 않았을 텐데

점점 늘어나는 비밀들
감추기 위해 더 많은 비밀들을 품게 되고

벗어나려 애를 쓸수록
더욱 엉키고 마는 거미줄처럼
오해는 수많은 거짓들을 불러 모으고

너를 붙들기 위해 쳐놓은 거미줄에
결국은 나 혼자 갇혀
오도 가도 못하는 외로운 신세

이제는 더 이상 너를
믿을 수 없게 될까 봐
함께 한 시간들 물거품이 될까 봐

너와 나 돌아올 수 없는 강을
결국 건널까 두려워
오늘도 난
거미줄에 갇힌 채
무기한 너를
기다릴 뿐이다.

주름진 노을

한여름 더운 열기
폭발하듯 내뿜더니
어느새 뉘엿뉘엿
그림자 붉게 늘어뜨리고
빌딩 숲으로 가라앉는
식은 불덩이

마지막 혼신의 힘을 다해
장렬히 전사하는
장군의 뒷모습처럼
애처로움에
뿌리고 간 노을빛마저
서글픔에 젖어 있다

내일이면 다시 떠오를 불덩이지만
매일의 사연들 품은 채 사라지니
일몰도 주름으로 나이를 말한다
오늘과 같을 수 없기에
미련 남아 나도 몰래 팔 뻗어 보지만
손끝에 간신히 걸려 있는 건
슬픔이 배인 태양의 그림자

아버지와 아들 외 1편

박｜순｜자｜

햇살을 온몸에 감고
들길을 헤매었던 꽃씨 하나
세상 구경 잘해라
하늘로 날려 보내며
보이지 않을 때까지 손을 흔들었다

바람이 부는 날
행여 길이라도 잃지 않았을까
생소한 터 잡은 곳에서
꽃은 피우고
열매는 풍성하게 걷었을까

홀로 남은 허수아비
두꺼운 안경 너머 시간을 잡고
소식 없는 무심한 녀석
잘살고 있느냐고
오늘도 먼 하늘만 기대고 있다.

아버지와 딸

가을 산 불꽃처럼
늘 가슴으로 안아 주던
당신의 희생 등불이 되었습니다

넘어지고 넘어져도
털어내고 당당하게 일어서는
당신의 용기와 패기를 배웠습니다

다 내려놓고 이만큼이야
콩 한쪽이 배부름을 못 채워도
당신의 사랑 기쁨으로 자랐습니다

이웃을 배려하고 함께 하는
나눔의 가르침 그대로
당신을 따라 그 길을 가겠습니다.

산책散策 외 1편

박 연 희

이름을 알지 못하는 풀꽃이
연둣빛 잎을 뽐내며
도톰한 꽃대를 자랑한다

물기 없던 나뭇가지엔
어느 사이
푸른 잎이 소복하게 올라와
바람과 어우러져
하늘을 닦으며 생기 넘치고

자주 걷던 숲에는
붉게 물든 진달래
나그네 발길 멈추게 하네

아름다운 자연은
산과 들에 알록달록
오늘도 쉬지 않고 채색을 한다.

오래된 추억 하나

싱그런 아침
거미줄에 걸린 이슬방울은
아침 햇살에 책임을 다하고

가느다란 줄기에 매달린
손톱만 한 들꽃은
넝쿨장미를 올려보며 환하게 웃네
풀섶에 숨어 핀 작은 꽃은
눈여겨보지 못했다면 지나칠 뻔

고갤 들어 둘러보니
초록 물감 풀어 놓은 듯
사방이 싱그러운 풍경
발걸음 죽이며 마음을 열어 보네

오래된 앨범 안에
숨 죽여 나를 기다리는 추억 하나
기억을 만들며 손끝에서
다른 세상을 보려 웃고 있다네
전해 오는 따스함으로….

함박꽃동산 외 1편

박 | 영 | 덕

구김살 없이
순진무구하여
꽃을 쫓다 보니
웃음꽃 피어
꽃을 닮아 활짝
티 없이 해맑은
함박꽃 웃음을

도란도란 밥상머리
애들 맑은 웃음이
상냥하고 조용한
엄마 밝은 웃음이
간간이나 활력 찬
아빠 너털웃음이
활짝 펴 꽃동산.

민들레 꽃망울

'4세 몸무게 같은
16kg 11세 아이'
한 슈퍼에 그림자처럼
비쳐진 유약한 소녀의
이름이기도 한 닉네임

2015. 12. 10. 설한에
아비와 서모에 팽개쳐져
2년간 제대로 먹지 못해
중환자 몰골로 사생결단
2층 가스배관 타고
다들 들리는 슈퍼에서
여사장 안목에 투시
귀가보다 신고부터

담당 경찰 신속 후송
7일 만에 웃음 비쳐
돌본 이들 기뻐 포옹
모두 내 일인 양 반겨
짓밟힌 애기 민들레
은애로 꽃망울 펼쳐
신성한 생명 존엄 밝혀.

명경지수 외 1편
—밀양 위양지에서

박 영 수

백발성성한 노인 한 분
거울 속에 살고 있었네

찰랑찰랑 온몸을 흔들며
젊은이, 그대가 나를 닮았는가
내가 그대의 모습인가

있는가 하면 없기도 하고
보이는가 하면 흔적조차 찾을 길 없고

한 점 바람에
젊은이도 백발노인도
홀연히 사라지고

넘실거리는 물결 속에
깜박거리는 그림자 하나.

동백꽃

그 누굴 위해
코피 나게 해본 적 있는가

너를 위해서 아니라
일면식도 없는 그대들을 위하여

달아오른 열망을
비릿한 향기로 날리며

그만 뚝 뚝
나가떨어지고 말지만,

아! 붉은 피 한 사발 콸콸
쏟아 내며 쏟아 내며.

상사별곡 相思別曲 외 1편

朴英淑

봉황이 좋다 한들 마소가 넘볼쏜가
못 잊을 정이라면 애간장 끓이나니
천상에 짝일지라도 춘몽인 듯 깨어라

궁중에 곱디고운 모란이 부러우랴
비단옷 걸치고도 향 없다 뒷전이요
별당채 붙박이 되어 빈 금침만 적시네.

귀향

떠돌이 반평생에 고향을 찾고 보니
옛 집의 처마 밑은 잡풀이 주인이요
육친肉親은 백골白骨이 되고 까치들만 반기네

가문家門에 금자둥이 종손宗孫은 아니 뵈고
망주석望柱石 세워 놓고 봉분封墳만 지키라니
홍살문 허수아비요 문전옥답 간곳없네.

※선친이 거주하셨던 고향 옛집과 선산을 처음 방문한 날.

산 너머 피어나는 그리움 외 1편

박 | 영 | 숙

저 산 너머 피어나는 그리움
만나면 좋아 웃음 멎지 않는
흐뭇한 마음 뭉게뭉게

봄이 열리고
여름이 무르익고
가을이 여문다

기다림 너머 피어나는 애틋한 마음
헤어짐이 아쉬워
애달픈 마음 뭉게뭉게

달빛도 서럽고
별빛도 서럽고
호수의 일렁임도 서럽다

스치는 바람에
그리움은 구름같이 피어나고
벌레 우는 소리에 밤은 깊어만 간다.

벚꽃은 너울지고

벚꽃은
흐드러지게 너울지고
슬픈 사랑에 가슴앓이
남은 그림자를 지워 간다

사랑아
네 마음에 피어난
아직도 남은 꽃들이
내 마음에도 똑같이 피어난 채
더불어 싱싱함을
나는 안다

그래서 그리움은
더더욱 쌓여 가고
다시 찾아온 벚꽃 길에
마음 설레이던 그때를
벚꽃 송이송이 새겨낸다.

악연 외 1편

박 | 영 | 춘

풀잎과 이슬의
만남

아주
잠시이었지만

사랑은 없고
아픔만 남아

세기를 흐르네
영겁을 흐르네.

묘비 없는 사내아이

피울음 목청껏 소리 질렀다
거기서 뜨거운 손 놓쳤다
거기서 따뜻한 바람 기다렸다
개울물 덧없이 흘렀다
묘비 없는 사내아이 아직도
거기서 피붙이 기다리는 중이다

총성에 놀란 외로운 손
얼떨결에 주어든 탄피 속으로
낯선 바람소리만 아우성칠 뿐
묘비 없는 흙더미엔
이름 모를 꽃만 피고 진다
사내아이가 바라는 따뜻한 바람
아직 그 산등성이엔 오지 않았다

그해 어렵사리 싹터
아름드리로 늙은 소나무 아래
묘비 없는 사내아이
춥고 배고픈 하얀 뼈마디
아직도 그해 놓친 손길 기다리고 있다.

돌복숭나무 외 1편

박|옥|위|

나무가 한생을 꽃 피고 열매 맺는 건
제 목숨 제가 깊이 사랑하는 까닭이라고
돌복숭 시린 봄날에 환한 꽃을 피우네

누가 먹다 던져 버린 그 말을 땅에 묻고
천연덕 피워 내는 전생의 환한 오늘
사랑을 전해 주려나 볼이 자꾸 붉어지네.

칠월 연밭

덩그런 연잎에 코를 박고 잠자는 듯
애 잠재 한 마리 초록 삼매에 빠진 건
연잎을 핑글 돌리는 초록 바람이 먼저 안다
고요를 길어 올려 연꽃 하나 피울까
무청 빛 연꽃 바다에 시 한 줄 드리워 놓고
연잎에 보슬대는 빗소리 눈감고 듣는다
연꽃은 퍼오르고 활짝 벌다 더러 지고
꽃잎이 이울기 전 연실에 알이 차는
너울 귀 푸른 한낮이 초침처럼 가고 있다.

창가에 앉아 외 1편

박 일 소

그대 그리움의
창가에 앉으면
저녁놀빛 아름다움으로
다가오는 그림자

별들이 돋아나는
창가에 앉으면
내 마음 깊은 곳
외롭고 쓸쓸한 사랑이여

혼자서 태어나
마음 깊은 곳 말없이 자라
내보일 수 없음에
그리움만 키운다.

와인색 목련
―천리포 수목원에 핀 목련

여인의 입술에서
와인 냄새가 난다
여인의 입술에서
사랑이 핀다

억겁의 인연으로 스친
달콤하고 싱그러움에 취해 버려
겨우내 가슴에 묻은 사랑
어쩌지 못해 속앓이하며

봄밤 내 마신 와인 빛깔로
여인의 입술에서 뿜어져 나오는 와인 향기로
알몸 드러내 우는 여인
그리움의 꽃이여.

후회 없는 그리움 외 1편

박 | 종 | 문

옥수수 꽃대 치켜세운
텃밭 오솔길 그늘 가에
옹달샘물이 흐르는
개울물 소리 장단에
늘어진 버들가지 꺾어
푸른 언덕 위에서
풀피리 불어주던 친구와
엄마 손에 가재 잡고
물장구치던 그때가 그립고

하염없이 떨어지는
그 옛날의 맑은 물소리
떠나가신 임 생각이
아련히 피어오르는 노을 속에
베풀어 드리지 못하고 가신
언덕 너머 하얀 길을 바라보니
후회 없는 그리움에
나 홀로 석양에
뻐꾹새 우는 소리가 가슴을 때리네.

길을 잃은 제비 집

갈대숲에 가려
거미줄에 엉킨 초가집
수풀 속에 하얀 길
풀숲 나뭇가지에 엉켜
제비 찾아오는 길 잃었나
창밖에 빨랫줄을 찾는
나그네 제비도 없고
한나절 햇살에
능금이 곱게 익어 갈 때
찾아 머물던 제비 가족
허물어진 빈 둥지만 남아
하염없이 기다려도
노을이 서산에 질 때면
곡예운동을 하며
먹이질 하던 제비
황홀한 빌딩의 불빛이
갈대숲 그늘로 가로막아
길을 잃고 떠나오지 않는구나.

어느 노인의 인생 노트 외 1편

박│준│상

나에게
사랑이 남아 있을까

네
남아 있습니다

지금도 사랑하고 있지를 않습니까

아
그립구나

그럼
그이도

나처럼
사랑을 하고 있겠지

네
사랑하고 있습니다.

하얀 나비

하얀 나비가
주고 간
그리움이
치자꽃 되어
나에게
향기 주나니
하늘엔 구름이 간다

하얀 나비가
나에게
날개를 달아 주니
아낌없이
주는 나무가
아름다운 꽃
나에게 보낸다.

압록강아 외 1편

박｜현｜조

우리 민족의 다리를 갈라놓고
유람선을 즐기는 너는

시각 장애인
청각 장애인

우리 아버지, 형제들을
붉은 흙탕물로

이산가족의 다리를 잃게
하였는가

절름거리는 다리에서
군홧발 소리 들린다

아이들의 울음소리 들린다

강물이 마를 때까지 기다릴 수는 없다
저녁밥을 지을 때까지 나는 가야 한다.

연평도

연평도의
파도는
귀를
씻는다

포성이
울리던 날,

가위 눌리는
어머니의 밤을
씻어
내린다

빗속에
떠난 자식의
뒷모습을
보려고,

연평도의
바람은
눈을
씻는다.

새끼 외 1편

박 | 화 | 배

곡성읍내 장터
짚공예 하는 노인이 말하는디

요로코 지푸라기 두 가닥을
깔고 앉아설 나므레
양손 바닥에 침을 쪼오께
탁탁 배앗고
새끼를 꼬는건디

근디
요짝 지푸라기는 음陰인디
쩌짝 지푸라기는 양陽이지라
이 두 음과 양이
서로 살거죽을 맞대고
비비고 비비면
밑에서
새끼가 나온당께.

을숙도에서
— 1983년도의 을숙도를 기억하며

갈대숲 사이로 난 물길을 따라
낙동강은 바다로 잠기며 흐르고
만조에 밀려 오르는
낙조의 역류를 딛고 달리다가
철새는 날아오른다

갈대숲을 가로질러 온 바람처럼
북쪽 먼 하늘을 날아온
청둥오리 깃털에서 묻어나는
툰드라 자작나무 향기에
먼 그곳 북국 숲속에 있는
그 무언가를 그려보다가
까닭 없이 그대가 그리워지는
을숙도 저녁

철새들은 잠자리를 찾아
갈대숲으로 날아드는데
멀리 외딴 농가에선
어느새 그리움처럼 등불이 켜지고
바람이 지나가는 갈대숲 일렁이는 소리에
저녁이 물드는 적막

철새들이 잠드는 갈대숲처럼

먼 곳에 계신 그대의 가슴에도
저녁은 고요히 찾아와
물들고 있겠지.

벌써 옛날 외 1편

배 갑 철

고고하던 임의 자태
발그레한 탁주색에
당신의 허울 보고 싶은데

불어 터진 인정이란 편린들이
나이테에 문짝을 달았다

우리 동행한다고
글 쓴다고 그곳에 살던 그날들
웃음도 그리움도 일몰에 따라가고

그믐밤 같이 덮여 버린 어제들
추억 혼자 허허한 새벽을 맞이한다.

나이 타령

눈꺼풀에는 세상만사 포개지고 덮어지고
달빛 같은 햇빛 앞을 가려도
아직은 그 길 아니야, 한백년이 아니야

친구야! 영과 육이 따로 놀자 하여도
뒤뚱대도 살아 있음을 감사하자
침잠의 세월 나이 여든다섯 지금

마음은 진초록이요 꽃잎 시들지 않았는데
아직은 꽃봉오리 열다섯이나 남았구료.

춘오월春五月의 미망 외 1편

배 동 현

봄꽃 지고
가지마다
열매 다는 춘오월春五月

이 산 저 산 푸더덕거리며
님 그립다 우는
수컷 뻐꾸기 쉰 울음소리

나이 들수록 안 보이던 것들이
허리끈 잡아끄는 바쁜 절기에
세월 속에 가득 찬 미망은
무슨 의미이던가요

바쁜 듯 성큼 발걸음 내딛는
신새벽 어스름의 여울들이
부처님의 해탈이
버리고 간 흔적이라면

조선조의 사미인곡이
온 산천에 자우룩한, 춘오월아
미련 갖지 말고 서둘러
훨훨 가거라.

민들레

이 세상 천지간에
일편단심이 어데 있다고
당신은 오늘 또 우기시는가

일편단심이야
강물 따라 흘러간 지가
꽤 오랜 세월인데도

멍청한 우리 시인님
수없이 흘러간 봄을 알고도
여적 그걸 모르시나 봐

봄나들이 나온 장닭 한 마리
자기는 아무런 잘못 없다며
헛기침 크게 한번 하고

민들레꽃 잎사귀만
마구 쪼아 대는 그 속내를
봄빛은 오래전부터 알고 있었다.

9월의 산 외 1편

배 석 술

더위가
고꾸라진 옷갈피에
끼쳐 드는
바람이 서늘하다.

허공의
폐장肺腸을 뒤집으며

도토리
상수리나무 이파리에
뒤척이는
설핏한 햇살

아직은
서툰 그림 솜씨
눈 들어
찾는 것이 단풍인가

추정秋情을
부르는 낯선 수런거림이
무성한
숲을 깨우고

화려한
가을 설화 꽃말을 넣어
선홍빛
붓을 들었네.

유월의 장미

담장 넘어
피어난
유월의 장미가

제아무리 곱다 한들
당신의
마음씨보다
고울 수 있습니까?

유월의
젊은 태양이
제아무리 뜨겁다 한들,

당신을 향한
나의
가슴만 하겠습니까?

평생을
하루같이
세월을 담아 온
지난날들이

얼룩이 되고

피멍이 들어도,
당신과
함께 한 길이었기에
나는
이 길을 사랑합니다

또 다른
세월이 밀려와
우리 둘을
갈라놓으려 해도

나는 나의
이 뜨거운 가슴으로
그대의 손을
잡으려 합니다.

세월의 뒷모습 외 1편

서정남

후회도 원망도 하지 마십시오
세월이란 언제나 그런 것을!
배신감과 증오는 또 다른 생채기와 상처를 더할 뿐
도둑처럼 달아나는 세월을 붙잡아 바로세울 위인은
세상 그 누구도 할 수 없는 것을,
속고 또 속아 살아갈지라도 다시 오는 세월
뜨거운 가슴으로 맞으며 스스로 일어설 때
망각과 희망이란 선약仙藥이 되느니.

그 광란의 겨울은 가고

마침내 오고야 마는구나!
쓰리고 아렸던 모진 겨울
설욕하는 화창한 새봄이

뜨겁게, 뜨겁게 꽃불 타오르는
햇살 부서져 눈이 부신 저기
푸른 산 푸른 들판을 보아라

털어 버리고, 털어 버리고
겨울 누더기 벗어 버리고
하 푸른 새 옷을 갈아입자

종달새는 하늘에서 지저귀고
얼부푼 땅 애무하는 미풍에
시냇물도 노래하며 흐르나니

웃으면서 달려가자 푸른 들을
노래하며 올라보자 높은 산을
겨울은 항용 그리 오고 가나니.

숨 외 1편

성진명

멈추면 죽는다

숨 쉬지 마라

하느님께서
불어넣어 주신 소중한 숨결

죽는 날까지
숨 쉬지 마라.

치통에 대하여

"치통은 토요일 오후부터 시작된다." 더니
꼭 그렇게 되었다
토요일 밤새 앓으며
약상자며 서랍을 뒤적여서
진통제로 겨우겨우 밤을 새웠다
다음 날도 약국 셔터가
내려와 있어
진통제로 밤을 보냈다

월요일 아침
치과에 가니 왼쪽 아래 어금니가 깨졌으니
뽑아야 한다며
혈압 약을 먹느냐고 묻는다
그렇다 하니 내일부터 혈압 약 끊고
일주일 후에 이를 뽑으러 오란다

아파 죽겠으니 약이라도
지어 달라 하니 3일분 처방전을 써준다
약국에서 약을 지어
우선 이틀을 견뎌 보았지만
죽을 맛이고
참을 수 없는 고통에 다른 치과를 찾았다

왼쪽 아래 어금니에 실금이 갔는데
신경치료를 해보기는 하겠지만
안되면 뽑아야 한다고 한다
그리하자고 하니
입안에 사진을 찍고
마취를 시키고 이를 갈아내고
약을 처방해 준다.
일주일에 거쳐서 신경을 죽이고
금이 간 곳을 때우고 나니 살맛이 난다

내 신경이 죽으니 내가 살겠다.

태풍이 불다 외 1편

성 환 조

해변의 언덕을 너머
발 빠르게
육지를 기어오르는 강한 태풍

검은 구름에 쌓여
바람과 비 그리고 뇌성을 동반한
거대한 태풍
방향도 없이 많은 비를 뿌리며
지상을 세차게 휩쓸고 지나간다

땅바닥을 삼킬 듯이 지나간
뒤에는
논과 밭은 수평으로 수라장
울창한 나무숲은 꺾인 채로 남아

해마다 한두 차례 찾아오는 태풍
자연 재해를 입어야 하는데
맑은 하늘 드러나면 새로운 기회로 삼아
편안한 마음 가다듬어
일상으로 되돌아가야지.

우물실 찬샘이

우물실 찬샘이는 산동네 이름이다
동네 사람들은
아픈 데 없이 열심히 살아가는
그런대로 다복한 동네 사람들

앞산 뒷산 넘나들며
앞동네 뒷동네 사람들은 서로 만나
웃음보따리 나눠 가지이며
한나절을 보낸다

두 동네는
아무리 가뭄이 들어도
우물물 찬물이 줄지를 않아
항상 넘친다

맑은 우물
깨끗한 찬물
동네 사람들은 맑은 물 깨끗한 물
먹고 지낸다네

지금도 동네 사람들은
고향을 사랑하며 서로 사랑하며
변함없는 내일을 살아간다네.

맑고 밝게 살아간다 외 1편

손｜병｜기

새로운 기술과 혁신 무한한 정보화 사회
최첨단 과학 지식 속 끝없는 꿈의 대행진
축복의 밝은 내일이 미래를 심고 가꾼다.

백세 시대 건강한 희망 창창한 앞만 보고
소중한 소망 담아 행복 씨앗 뿌렸더니
꽃향기 보금자리에 사랑싹이 자란다.

달콤한 만남에서 하나 된 우리 가족
타오르는 높은 활력 풍요롭고 화려한 생활
언제나 정다운 대화 피어나는 웃음꽃.

맑게 개인 새 숨결에 가능성 불어넣고
창의력 별빛처럼 당당한 도전과 열정
스스로 착한 일하며 맑고 밝게 살아간다.

내일을 바꾸는 지혜

넓고 넓은 세상에서 높고 높은 이상 실현
땀 흘려 얻은 지식 따스한 햇살 되어
화려한 밝은 내일로 향기롭게 빛난다.

눈부신 풍광 속에 영원한 삶의 터전
창조와 혁신으로 구슬땀 흘린 보람에
웃음꽃 피워 가면서 행복한 가정 꾸민다.

소중한 값진 열정 상쾌한 재도약으로
새로운 생각을 담아 상상력과 창의력 길러
튼튼한 생명의 활력 끈기 있게 가꾼다.

나날이 변해 가는 생활 환경 따라가며
포근한 소통과 배려 꿈에 그린 희망 싣고
내일을 바꾸는 지혜 삶의 질을 높인다.

양동 마을 종택 '서백당'은 외 1편

손 수 여

어진 선조님의 뜻이 천 년에 새롭다

손孫 문의 세상을 밝게[昭] 여시고자 나토신
적개공신 충절로 나라 지킨 양민공 할아버지
자손[子]의 끈[糸] 면면히 이어지게 하시더니

'인忍'은 심장[心]에 비수, 칼날[刃]의 아픔도 참는다

천기天氣와 지기地氣가 조화로운 양좌동
종택 '서백당書百堂' 선조님의 훈교는

"어렵고 힘들면 참을 인忍을 백 번 쓰라."

대대손손 가슴마다 새롭고
칠백 년을 지켜온 선비 기개는
구불지고 찢겨도 향목 그 향기 진하네요

어진 선조님의 뜻이 천 년에 새롭다.

시래기

집 뒤안 처마 밑을
스치는 갈바람에
앞 동생 체중 줄 듯
말라가던 아린 세월
노모老母표
손맛 토장국 군침 도는 시락국

긴긴밤 촐촐해진
뱃집이 등에 붙어
전설된 보릿고개
남루했던 넋두리가
세월을
가둔 헛간에 매달린 저 향수.

산길 외 1편

손진명

산은 내 벗이다
날마다 찾아와도
나를 반겨 주니
너만 곁에 있으면 외롭지 않아
바람도 산새도 다람쥐도
모두 내 벗이니

괴롭고 외로우면
바람과 함께 춤을 추기도
새와 함께 노래를 부르기도
다람쥐와 함께 숨바꼭질하기도
묵주와 함께 괴로움을 달래기도

괴롭고 외로운 자
산에 와서 마음밭에
사랑을 심어 보세요
꽃길을 만들어 보세요
마음밭에 향기로운
꽃향이 피어나게
산을 닮아 아름다운 산이 되게.

금혼金婚 오십 년

금혼 오십 년 되돌아보니
꽃비보다 눈물비가 더 많았네
남이 알까 말 못할 속앓이
스스로 좋은 척 위로하며
살아온 가면의 인생극

가정마다 들여다보면
다 그 기 그거였는데
그때는 왜
숨죽이며 살았는지
걸어온 삶
팔자로 돌리기에는
잔인한 운명 같다

되돌아보면 잊어야 할
것들이 마음 언저리에
아직 더러 남아 있네
세월이 약이라던데….

그래도 아이들 커가는 재미에
고난을 잊고 희망을 걸었지
흘린 쓴 눈물이 따뜻한
보금자리가 될 줄이야.

어느덧 세월은
서녘 놀에 앉아
귀엣말을 하네요
그래도 너는
오십 년
잘 견디어 왔다고

남은 여생
욕심내지 말고
서로 사랑하며
서로 위로하며
서로 도우며
서로 용기를 주며
서로가 서로를 위해서
기도하며 살라고
금혼을 축하하는 말
세월이 전해 주고
저만치 떠나가네요.

씨앗 외 1편

송 | 연 | 우

흙은 씨앗을 품는 자궁
잡초는 제 씨를 그곳에 묻어 두고
봄에게 쪽지를 남기고 사라진다
봄이 펼쳐든 쪽지에
숱한 이름들이 적혀 있다

넉넉한 흙의 가슴에서
새로 태어나는 부추, 시금치, 감자
때를 알고 고개를 내민다

그 사이에 숨어 크는 잡초
시금치인 듯 부추인 듯 천연스럽다
평화로운 풀빛으로
봄볕에 아기처럼 졸기도 하지만
금세 밭주인의 눈 밖에 나리라

그러나 사람의 가슴에 뿌리는 씨앗은
시들지 않는다

"풀은 시들고 꽃은 지지만
우리 하느님 말씀은 영원히 서 있으리라."※

※구약성서 이사야 40:8

시에 빠지다

밀고 당기고
당신과 나 사이의 오랜 실랑이가
하나의 매듭으로 완성되던 날
그대가 왔습니다

낯익은 문장
눈으로 볍어 맛을 보았습니다
단맛보다 쓴맛이 몸에 약이 된다는
말씀이 귀에 익어
깊은 울림으로 가슴을 물들이고 싶었습니다

주저앉아 는개 속
먼 산을 바라보니
벼랑 위에서 시가 피어났습니다

눈은 언어에 찔려 눈물이 낭자해도
늦은 사랑에 빠져
세상을 사랑하게 되었습니다.

무게 외 1편

신 길 수

필요한 것만큼은
모자라도 아니 되고

남아도 독이 되는
재물의 그 무게가

더하고 제하고 나면
남는 것이 없느니.

모래성

일생에 합산하여
한번 챙긴 결산인데

보고 또다시 봐도
결과의 값은 없네

긴 세월 쌓고 쌓아도
결국에는 모래성.

추석 외 1편

신 동 호

7월 장마에
자식처럼 아끼시던
벌밭에 올 곡식은 다 묻어 버리고

숯덩이처럼 까맣게 타버린
처절한 가슴으로
보리밥 한 술 못 뜨신 채
더운 날 그루밭에 김매러 떠나시던
어머니!

된서리 호박잎이 반쯤은 낙엽처럼
시들어 가면
풀가시 물든 베적삼을
그제서야 빨아 말리시고

가재 흔하던 물레방앗간에서
짚불에 감자를 구워 주시며
들려주시던 청홍각시 얘기
귀에 익은데

이 못난 자식이 올핸 올콩을 따서
송편을 빚습니다
삼가 영전에 물 한 모금 드리옴이

어찌 이리 더디옵니까만

섬섬옥수의 가르침으로
달 밝은 이 중추에
햇배를 고이 깎아 진설하오니

흠향하시옵소서.

남한강의 새벽

강은 비에 젖어
가로등 등불은 바람에 젖어

인적 없는 새벽
혼자 걸어온
가슴 쓰린 심장에 얹혀
토해 버리고 싶은 지난날들

쓰러져 간
나무턱을 파는
딱따구리의 선울음

산사는 뒤에 두고
포도 위를 걷는다
강물을 타는 다 흘러가 버린 세월

외로운 바람에 꺾인 깃발 세우고
다시
새벽이 창문을 여는 아침.

만춘晩春 외 1편

신│세│현

봄이 다 가다니!
미진未盡한 마음을 앞세워
남실바람이 얼굴을 스치는
강변으로 소요逍遙하듯 나선다

봄바람은
강물에 소파小波를 띄우고
가물어 낮아진 물가에서
물오리들이 부리로
강바닥 훔치고 있다

꽃잎은 설풍을 이루더니
어느새 춘색은
녹음 속에 잠기고
여느 집 철책 담장에
갓 피어난 장미 몇 송이
앳된 얼굴로 울타리 너머
바깥세상을 구경하고 있다

세월은 가둘 수 없는 노릇
녹음 속에 묻혀 가는 봄 따라
내 만절晩節도 속절없이 간다.

정류장에서 잠시

느슨한 오전, 휑한 도로
치악교 건너 버스 정류장
썰물 빠져나간 갯벌처럼
검게 잠잠해진 차도

정류장 벤치에 앉아
단구동행 버스 기다리며
주변을 둘러본다

길 건너 왼편에 복권판매점
'날아가 뜬구름 잡을 재주 없고'
길 건너 오른편에 명함인쇄소
'명함 지니고 다닐 푼수 못되고'
등 뒤로 주방기구 가게 아저씨
무엇이 바쁜지 네댓 번 들락이고
나보다 서너 살 위로 보이는
염소탕집 할아버지의 민머리
햇살이 윤기를 띄운다

복지관 가는 길에
그냥 지나치던 정류장에서
오늘은 이 공간 속 나를 본다.

짓밟힌 꽃잎 외 1편

신｜윤｜호

노란 가냘픈 꽃망울
너의 자랑스러운 꽃잎이
새봄을 알리는구나
너의 힘이 날게 되어

활활 널리 퍼지리라
너는 장한 봄의 여운
세상을 박차고 나오는 원동력
세상에 표출하는구나

너의 굳은 의지 강렬함이
분별력 없는 세상보다
험난한 장벽을 뚫고
보란 듯이 피어난 작은 연 입술

사람들은 지나치지만
개의치 않고 열심을 더해
기어이 빛을 보이누나
너의 용맹스런 굳은 의지력

만인에게 보여
살얼음이야 개의치 않고
오직 목숨을 위해 솟아난 노란 꽃잎

찬란한 세상을 보이기 위함이

투철한 정신력 보여주는 너
맹수 같은 찬서리 두려움 없는
무심코 짓밟힌 거리의 천사.

아버지

우리 아버지는 평생을 행복에
누려 보지 못하시고
홑적삼 지게에 몸을 싣고
주야로 살아가신 아버지
그 몸을 오늘도 산으로
허구한 날 눈 뜨시면 지게와 싸우신

새벽녘이면 톡톡 담뱃대 터는 소리
가마솥에 불을 지피고 새벽 4시면
언제나 같은 일 쇠죽을 쑤어 주고
방을 따스하게 해주시며
무조건 지게를 메고
밭으로 논으로 가시는

그런 지게는 한쪽 몸과 같이 달고
사시던 아버지
어느 땐 새벽 어둔 때에
산에 가시어 나무를 해오시어
마당에 후유 하고 부치시는 아버지
그때는 먹을 게 그리도 부족한지
밥 한술 드시면 일과의 전쟁

밤이 와야 겨우 사랑방에

어르신과 모여 이야기하시며
담배 벗 삼아
어르신들은 무조건 저녁이면
호롱불 밑에 모여
그날의 일을 이야기하시며

이런저런 옛이야기 나누시고
매일 모이시는 어르신
우리 집은 사랑방 있어
동네 어른께서 모이신다
어르신은 대개 종씨만 계시어
아저씨 할아버지 형님 다
집안이며 타성은 한두 명뿐이다

우리 집 이야기는 끝이 없다
우리 아버지는 배부른 날 없이 늘
고생만 하신 아비지 일하시는 데 비헤
드시는 게 초라해 먹거리 겨우 밥에
조선간장 된장이면 큰 반찬이다
고생만 하시던 아버지

자형은 6·25에 안동 땅에서
후퇴시 허벅지 총 맞아 전사하시고
둘째 형은 일은 못하고 늘
노는 술쟁이 불쌍하신 아버지
편한 잠 좋은 쌀밥 제대로 드시지
못하시고 가신 아버지
평생을 고생만 하시다 가신.

참사랑 · 1 외 1편

심 | 종 | 은

먼동이 트이며
빛발로 현신하신 님이시여
난, 그 빛에 취하여
아늑한 마음의 평온을 얻었다오

다시 어둠에 물들기 시작하면
삶의 언저리
꼬부라진 들길 저만치
무수히 쌓여 오는 수많은 굴곡들

짊어진 어깨 위 꼴 한 짐이라도
황혼이면 가슴 저린 사연
사뭇 환청으로 들려오지는 않았을까

이제 가을 빛살에 물들인
황금이삭으로
바람결 퍼나르는 말씀은
오롯이 나누고픈 그대 참사랑이라네.

참사랑 · 2

심지 바른
촛불은
스스로 자기 몸을 태워
온 세상 빛을 밝혀 준다

의지가 굳센
향나무는
성난 도끼질에
해코지하는 상대방에게
향기를 내뿜으며
아낌없이 자기 몸을 내어 준다

숱한 고난과 수난을 받아오신
예수 그리스도는
탐욕과 오만에 가득 찬 인간에게 버림받고도
죄 많은 인간의 구원을 위하여
십자가 처형으로 마침내 순명하셨으니
온 천하에 하느님의 참사랑을 드러내셨다.

끝없는 도전 외 1편

안│숙│자│

바다는
조약돌을 가지고 싶은
파란 꿈이 있어
미지의 모래 섶으로 달린다

질풍을 타고 기세 높이 올라봐도
다가가지 못한 허허로움
거품으로 밀려와
가라앉는 절망 그 두께만큼
파랗게 멍이 들었다

철없는 희망은 다시 쫓아가고
쫓겨난 절망은 되돌아와
부딪히는 아픔의 파장이
밀린 만큼 되덤비는
바다의 근성을 만든다

시리게 헤쳐 온 노역
철썩 철썩 끝없는 도전으로
씻기는 모래알만큼씩 다가온 조약돌은
기어이 바다 품에 안겼다
기쁨에 찬 물살의 환호 소리
쏴— 도르르.

동쪽으로 가는 마음

밤에 큰 산에 오르면
영혼을 기르는 별이 가까워
동쪽 길이 잘 보인다

아침 해로 떠서 시작한 삶이
넉넉하게 날개 펴는 새들
서쪽에 살던 기러기도
다시 동쪽으로 가는 것을 보면
삶의 본분이 시작된 동쪽이 더
숱한 그리움이 남은 것 같다

은하의 다릿목이 가까워 보이고
백 년 전에 핀 구름 꽃이 보이고
동구 밖에 흰 달빛이 보일 때
사람의 이름과 함께 생애를 살다가
세상의 것 다 녹슬었다고
저녁에 지게 지고 길을 떠나는 노을

모두 태우고 스러지는 서녘의 저녁
나도 그렇게 가는 황혼 길이 싫지만
바라만 보면서 아쉬워하는 동녘
너는 내 안에 길로 남아 있다.

생生, 그 적막 외 1편

안│연│옥│

한생애가 끝나 가고 있나 보다
고즈넉이 가라앉은 대기 속으로

한 생명이 꺼져 간다
밤이 유리창 밑으로 깊어 가고
한 인생이 호송차에 끌려가듯
알 수 없는 새의 마지막 애원처럼
절규하듯 가고 있다

적막의 밤
그 끝에서 끝으로
외로운 운하를 홀로 건너가야 한다

저 흐릿한 불빛 속으로
생과 함께 했던 삽화도
희미하게 지워져 가고 있다.

돌에 맞다

찢긴다
떠나기 일쑤이다
깊은 밤 미궁으로 떠나는 길
절망에 피 흘린다
상처는 감각이지만
아픔은 영혼에
화인으로 남는다.

꽃나무 외 1편

양｜지｜숙

새들이 모였다 날았다
꽃잎들이 날개를 달고 나려온다
그대 세상에서 날아온 날개의 문
어느 이야기를 품고 온
손길인가
그대 향기 날개를 펼치고
그대 마음 바닥으로 흩어지고
그대의 이야기가 바람 따라 사라진다
그대,
작고 화려한 문틈에서
흐릿한 그림자로 어른거려
아기자기한 이야기 정녕,
다시 피어날 거라

새들이 파닥이다 종종거리다
무리 지다 흩날리다가, 꽃잎들이.

별을 보다

새벽에 손님이 오셨다
육간대청에 소슬바람 스미듯
들어앉았던 때가
언제려나
창 너머에 반가운 듯
서운한 듯
멀리 서 계시다
대청마루에 앉아
한 수 한 수 읊조리다가
서로 흥건히 취하던 때가
언제려나
기다려도 기다려도
오시지 않더니
당연하게 오셔서는
늦은 인사에 토라졌는지
가까이 불러들여도
별은 서늘하다.

고려청자 도요지 외 1편

양 치 중

인류 최고 문화유산
보지도 듣지도 느끼지도 못한
고려청자를 누가 알까

세계 어디서 누구도
흉내 낼 수 없는 비췻빛 상감
천공이 빚은 신비의 요람
고려청자 도요지를 알까

강진 대구면 천태산
정수사 계곡물 구강포로 흐른
주변에 고려 오백년의 혼
깨지고 허물어진 잔해

청자요지 이백여 기
조상의 피땀 어린 지혜와 꿈
영원한 인류 불가사의.

진도 아리랑 고개

구성진 가락 따라 임 찾는
'아리 아리랑' 진도 아리랑 고개
오르기 숨차 하늘도 앉아 쉬고

안개 속을 유영하는 바다가
산 위로 올라 상록 숲 얼싸안고
'서리 서리랑' 너울대며
하얗게 춤추는 낭만

보슬비 내리는 초복 날
전설의 산마루 고개 숲속에서
'응 응 응 아라리가 낫네'

삶의 애환 녹이는
불멸의 보물섬 아리랑 고개.

연극 외 1편

엄 원 용

추석도 한참 지난 시월 어느 날
명절에도 소식이 없는
자식들이 궁금해서
서울로 큰맘 먹고 올라간 아버지

큰아들이 서울역에 마중 나와서
모두들 잘 있으니 걱정하지 마세요
저는 연출을 맡고 있구요
둘째는 주인공으로 일하고 있구요
셋째는 극단에서 아직 보조를 하고 있어요

그렇구나, 아버지를 닮아서
모두 연극들을 잘하고 있구나!

집으로 내려간 아버지
그 아내에게
"모두 잘 지내고 있다오."
모두 나를 닮아서
연극들을 아주 잘하고 있어요.

눈길

어머니를 땅에 묻고 오던 날
날씨는 얼어붙어 너무 춥고,
싸락눈까지 날려 잡아먹을 듯이 사나웠다
돌아오는 길에 개울은 얼음으로 덮여 미끄러웠고,
1월 보리밭의 겨울 푸른 싹들은
눈 속에 모습들을 감추고 흰 세상이 되어 있었다

보이지 않는 하얀 벌판 위에
정신없이 발자국 하나씩 찍으며 길을 내면
내 뒤에서는 어머니가 계속 따라오고 있었다
뒤돌아보면 어머니는 보이지 않았다

길과 길이 갈라지는 지점에서
하나의 길을 뒤로한 채
다른 하나의 길은 다시 마을로 이어지고
공허한 가슴은 자꾸 뒤를 돌아보면서
마을로 통하는 길로 들어서야만 했다

겨울 차가운 언 땅속 깊이 홀로 묻혀
이승과 저승으로 서로를 갈라놓는다는 것이
무엇인지를 생각하기에는 너무 어린 나이에
그저 어느 저편 눈이 날리는 희뿌연 하늘 아래
그 차가운 곳에 홀로 남겨두고 온

아홉 살 어린 마음으로 마을로 돌아왔다

상실의 마을은 처음으로 낯설기만 한데,
불과 몇 시간 전에 일어난
그 놀라운 사건들은
모두 흰 눈의 정적 속에 파묻혀 버리고
아무 일도 없었던 것처럼 그저 고요하기만 했다

정말 매정하게 달라진 것은 하나도 없었다
보이는 집과 나무들도 그대로 있었고
여느 때처럼 집집마다 굴뚝에서는
저녁연기가 모락모락 피어오르고 있었다

집으로 들어가는 길 입구에서
다시 한 번 뒤를 돌아보고, 또 돌아보면서
발자국은 떨어지는 눈물을 계속 따라오고 있었다.

봄은 안 오고 외 1편

오낙율

봄은 안 오고
꽃만 피었네
봄 아니 오고
꽃만 피었네

바보야
웃지 말어라
가슴에 차있는 건
그리움뿐이면서….

꽃가지
휘어잡고
울어라
꽃가지 휘어잡고
철철 울어라.

그리움 · 7

그리움 하나
지독하게 썩더니
담백한 흙이
되었네

몇 년이 가도
그 흙 위에
잡초 한 포기 살지
않더니

올봄에는
올봄에는
낯익은 꽃 한 떨기
눈감고
피어나겠네.

빨간 장미 외 1편

오병욱

어둠이 싫은 빨간 장미
세상이 어두워지자
눈을 꼭 감았지만
잠은 오지 않습니다

별빛이 속삭임에도
미풍이 따스함에도
어둠이 싫은 빨간 장미
눈만 꼭 감고 있다가
새벽이 오자 빛나는 아침 햇살에
눈을 활짝 떴습니다

기지개 한번 켜고
별들이 보낸 영롱한
아침이슬 머금고
생긴 대로의 모습이 좋아
가슴 크게 벌리고
빨갛게 활짝 웃습니다.

사랑이 반짝인다

오솔길 가
밤으로 피어난 풀꽃에
방울방울 맺힌 이슬
빛나는 아침 햇살에 반짝이고

고요한 밤
잔잔히 흐르는 맑은 시냇물에
소곤대는 별빛
곰실곰실 물결에 반짝인다

분홍빛 그리움
이슬도 냇물도 소곤대는 호수에
잠 못 이루는 이 마음
그대 숨결에 사랑이 반짝인다.

호남선의 근황 외 1편

오재열

목이 쉰 밤 열차가
긴 적막을 끌고 간다

덜크덕 탁탁 덜크덕 탁탁
절규 같은 불협화음으로

무지와 가난을 싣고
정든 땅을 달린다.

김·만경 들녘 지나면
숨이 차는 장성 갈대

완행 삼등칸 속엔
누대로 찌든 궁색이

먼 마을 불빛에 녹아
눈발 속에 따사롭다.

양실이를 먼저 보내고

사내 아닌 딸 된 죄로
두 살 터울 오래비에게

빼앗긴 젖꼭지만
쳐다보며 울던 네가

그 어미 밉지도 않아서
곁으로 먼저 갔느냐.

무지와 가난 속에
나고 자란 산골 마을

병마가 창궐하고
흉년이 거푸 들 때

맨발의 내 오누이 함께
밀개떡을 나눠 뗐지.

난蘭 외 1편

오｜칠｜선｜

비바람에 채어도
어진 뜻만은 흔들림 없이
난삽難澁한 밤을 수놓는
그대의 탁절卓節이여

세월의 부피만큼
욕된 과거를 솎아 내온 차디찬 눈매로
빈 뜰에 나앉으나 바람 싸든
소소숙숙簫簫肅肅의 잠자린
차라리 외로워 침묵일래

난숙한 세월의 빛깔을 접어
나랠 펴 온 그대의 청빈이여
눈록嫩綠의 향香 맑아 간
하늘만을 우러러 기다린다
나두야 우러른다.

인생의 영혼을 울려 주는 시

시인의 영혼은 늘 고달프다
때론 맑은 달빛처럼 부드럽고
때론 태양처럼 폭발적일 수도 있으려니

시인은 수시로
격정의 바다를 건너야 하고
폭풍의 언덕을 기어넘어야 했었다

인간 영혼에 단비를 내려주면서
영혼과의 교감을 통해
시인은 아픈 세월을 고르면서
홀로 눈물을 쏟아야 했었다

비극의 체험 속에서도 시인은
스스로 절제된 감정과 말씀 안에서
고요한 명상의 달빛을 바라보면서
격정의 바다를 노 저어 가야 하리라

몇만 리 험준한 바다의 굽잇길 마다 않고
말씀의 불꽃 지피고 더 나가야 하리라
험준한 바다에 상상의 나랠 펴면서
펜대로 노 저어 가는 낭만의 세월을

낚아 가야 하는 시인은
인생의 험준한 절벽까지도 깎아 내려
평화를 고르고 자유의 묘목을 심어
낭만의 결실을 맺게 함이리라
인생의 진리의 닻을 띄우면서….

인생 종착역 외 1편

오 현 철

세월 따라
계절 따라
사는 것이 인생이거늘
아무리 더워도
덥다는 말하지 말고
아무리 추워도
춥다는 말하지 말라
늙지 않고 살고픈 마음이야
끝없는 생각이지만
어차피 세월이 가면
따라가는 것이 인생이거늘
보이지 않는 미래는
어떤 파도가 칠 것인가?
예측할 수 없는 삶
오늘도 석양과 함께
동행길을 가는구나
아무도 기다리지 않는
인생 종착역으로….

만사인 墁寫人

흙은 거짓이 없고 정직하며
땀 냄새는 일터의 구수한 향수이고
정년도 없는 평생 직업 농사꾼

흙손으로 살아온 세월
삶의 몸부림으로 쌓아진 흔적으로 남고
공기 청량한 산과 들녘
논밭에 나가 흙을 만지면
마음에 풍요로움 가득 채워 주는 땅

나의 삶을 이어 주는 터전
들꽃 향기, 풀 냄새, 벌레 울음소리
나무들의 진하고 특유한 향들이
오감을 자극해
저더러 글을 쓰라 하네
자연의 섭리와 가르침으로
만사시인 墁寫詩人 으로 살아가고 있네.

난청시대 難聽時代 외 1편

우 성 영

비스듬히 누운 전주
얼기설기 얽힌 전선줄
허물어진 담벼락
버려진 연탄재
담장 안에 홀로 선
보잘것없는
대추 꽃이
이슬 젖은 채
담장 밑에 힘없이
구르는 소리
아파트 베란다에
개 짖는 소리
허리 못 펴는 중생들
멀거니 바라만 보는
강 건너 불구경꾼들.

윤회輪廻의 흔적

여섯 자 백송나무 관棺
아무리 둘러보아도
아버지의 당당하던 모습은 없다
크디큰 허무함이다

영생永生 집 지을 재목이라시며
창호지 겹겹 바르시던 관재棺材
예고된 이별이며 슬픔의 흔적이었다

삶을 마감하는 원천 의식으로
싸느란 땅에 흙을 덮는다
이 근원적인 슬픔이여

생사는 윤회라는 굴레로
구속을 강요받아도
슬픔은 영원한 이승의 정표다

시간은 세월이란 칼날을
무디게 만들었어도
칼날에 묻어나는
선명한 순수의 선혈鮮血
인고忍苦라는 개념만으로
씻어낼 수 있을까.

천지공사 20일차에 일어난 일들 외 1편

우태훈

자리를 떠났던 항아리들이 새로운 제복을 입고
자신의 자리로 찾아들다
지혜는 언제나 깨끗한 마음에 찾아드는 것
물은 위에서 아래로 흐르기 마련
도움을 많이 못 주는 호스는 머나먼 여행길로
떠나보내고 어둠을 틈타 쓰레기 청산 작업 완료
처형이 손주를 안고 찾아 주셨네
채은이도 놀러 오고
늦은 시간에도 강바람을 맞으려는 운동하는
사람으로 북새통을 이룬다
밤이 이슥하도록 강태공은 자리를 지키고
금노다지를 찾은 현명한 사람은 보잘것없는
일에서는 스스로 손 뗀다
얼마나 멋지고 시원스런 일이던가
폭포가 떨어지는 것도 아니고 무지개가 뜨는 것도 아닌데
지혜란 얼마나 아름다운 것이더냐.

천지공사 21일차에 일어난 일들

훌륭한 일을 보면 하찮은 일은 눈을 감는다
큰 지혜를 보고 대마왕팡이는 자취를 감춘다
큰 지혜를 열심히 따라가면 동녘에 해 뜨듯
밝은 빛이 온누리를 밝혀 줄 것이다
그때를 놓치지 마라 시간이 흐르면 또다시
어둠이 찾아오리니 후회해도 소용없는 일이지만
큰 지혜의 빛은 어둠이 와도 아무런 영향을 받지 않는다
오직 큰 깨달음을 얻은 자만이 이해할 수 있는 일이다
큰 지혜의 빛은 정숙한 사람을 찾아다닌다
그러다가 그 사람이 알아보면 안착한다
그리고 해야 할 일들을 그에게 알려 준다
그러면 그는 반드시 그 일을 성취하여 높으신 분의
영광을 드러내 준다
예의염치를 아는 자라야 그분의 마음에 들지
그렇지 않은 자는 얻고자 하나 소용없는 일이다
당신의 아름다운 모습도 그분이 허락하신 일
그분께서는 아름다움도 만드시고 없애 버리실 수도 있는
분이시다
평온한 마음 또한 그분 아니고서 얻을 수 없다
그러면 도대체 그분은 누구실까.

세월의 강 외 1편

원 수 연

차마 갈 수 없었는지
보고 또 돌아보며

산을 안고 돌면서
길을 뜨지 못합니다

당신은
누구십니까
세월의 강인가요.

가다 보면 슬픔의 땅
황량한 벌판도 보고

여울처럼 흐느끼는
울음소릴 들었어요

세월의
강나루에는
머물 곳도 없네요.

가슴에 뜨는 달

지금은 한밤인데
비까지 내립니다

세월의 강물 위로
주룩주룩 퍼붓니다

집 없이
영혼도 잃고
혼자 떨고 있어요.

나 몰래 당신과는
만나지 않겠어요

밤이 밤의 길을 잃고
이리저리 헤맬 때

가슴속
우리의 하늘에는
달이 뜨고 있어요.

기기묘묘 금강산 외 1편

유│경│환

골골골 재주 부린
기암괴석 늠름한 바위들
의젓하게 뽐내고들

잘잘잘 재롱 핀
은빛 찬란한 이슬방울들
흰 비단처럼 휘감기고들

기특하게 생겨서
제 멋들 자랑하는 나무들
멋 자랑 올림피아드 아니야
천하 절승들 죄다 모였다고요

뉘라서 금강산을 한번 보고서
죄다 자랑할 수 있당게
죄다 보았다고 말할 순 없으리라

햇빛 따라 찬란하게 빛나고
햇살 따라 그윽하게 안기고
달빛 따라 은은하게 들리고
별빛 따라 잔잔하게 파도치고
철 따라서 확연하게 돋보이고
사시 따라 애잔하게 느껴 오고
시시각각 따라 어질어질 흔들려 오누나.

바람 따라 금강산

가을 햇살 하늬바람 따라
울긋불긋 불타오른 단풍잎
화가들의 붓끝에선 바야흐로 진홍색으로
화폭 속에 물들어 가는데
유유히 흐르는 계곡물 소린
자랑스럽게 풍악風樂 소래 쳐서
풍악산이라네

겨울 햇살 높새바람 따라
한겨울 모질게도
불어오는 북풍한설도 찬바람도
개의치 않고 이겨내면서
눈꽃도 피어내고
얼음 기둥도
얼음조각상도
새겨내고 빚어내는 미리내 은빛 파도 자랑하는
백골만 남았으니
개골산이라네
지달산 열반산 금강산 이름으론
부족한 산이로다.

개울가에서 외 1편

유 나 영

개울물 흐르는 곳에 이르렀더니
물은 세월 가는 뜻을 헤아리면서
창포잎 휘어잡아 놓고
바람은 내가 살았던 이야기를 건드리면서
그냥 지나가고 있었습니다

내가 철없이 놀던 시절은 지나고
그 많던 그리움은
물줄기 흐르듯 흘러가고 있었습니다
커버린 정은 사랑으로 와서 아픈데
나는 왜 흐느껴야 하는지
오열해야 하는지

유월의 녹음 짙푸른 뜰을 에워싸고
중년이 된 내 뜰을
바람은 제 홀로 서성이면서
창포잎만 흔들어 대고 있었습니다

개울물 흐르는데
흐르는 끝자락 따라가면
내가 기다리던 사람이 거기 머물고 있을까
내가 기다리며 찾던
우리들의 아득한 날의 사랑이 있을까

그 자리엔가
아마도 바람은 제 홀로 떠돌고 있었습니다.

손 닿는 쪽

손 닿는 곳이 있다면 가리
설사 조각의 세월이 웅크리고
번뇌와
전율이
솟구쳤다 넝마로 뒹굴고 있더라도
눈높이에 매달린 일이라면 가리

몇 개의 주문이 얽힌 그리움의
반란은
바람으로 와서 나부낍니다
눈빛
가장자리로 와서 뒹굴고 술렁인다면
어차피 바라볼 것인데
맞아 둘 일이라면 가야만 합니다.

런던올림픽을 보면서 외 1편

유영애

아!
내게도 저런 시절이
있었지

젊음은 참 아름다워!

삶은 순간순간이
시작이자
마무리이기도 하지

세월은 내 얼굴에
주름을 남기고 갔지만
꿈마저 버리면 안 돼

아름다운 마무리는
감사하는 것

이제 욕심은 금물이야!
비우는 연습을 하다 보면
한결 젊어질 테니

노년을 슬퍼하지 마
황혼은 아름다운 거야.

사랑하세요

텔레비전을 보면
요즘 젊은 부부들
살얼음 걷는 것 같습니다

한번 짝지어 주면
하늘이 갈라놓기 전엔
팔자려니 하고 살아야지
세상에 다투지 않고
사는 부부는 없습니다

기쁠 땐 같이 기뻐하고
슬플 땐 서로 위로하며
살다보면 사랑하게 되지요

행여 다툴 일이 있어도
져 주는 게 이기는 것이고
남편이 늙어 가는 걸 보면서
안쓰럽고 가엽고
아내 얼굴에 주름이 보이면
치근하고 가엽고
그렇지 않나요?
그러면 오지 말래도
행복은 찾아옵니다.

황천나무 외 1편

윤갑석

온몸이 나른하거나 마음 마냥 흔들릴 때에는
어김없이 긴 그림자 밟고 강변을 어슬렁대고
갈매빛으로 변해 가는 물속 빤히 들여다보는
호젓한 나무 한 그루 옆에 그냥 멍하니 선다

그 이름 머나먼 이승 이별의 강가 황천 나무
가슴 꽉 메는 두 눈 그렁그렁 탑돌이를 하고
흐느적거리며 건너자마자 이승 잊어버린다는
검은 강물 마시며 선 나무 한 그루 안아 본다

애처로운 모습 부끄러워 석양에 눈물 감추면
부드러운 그 손길로 나의 온몸 문질러 주고
사라져 갈 빛바랜 작은 영혼 다독거려 주는데
차마 놓고 싶지 않아 바동대는 이 생명의 끈.

돌탑

두류산 장터목에다 마음의 짐 풀어 놓고
뱀사골의 청류계곡을 오르면 와운 마을
어디엔가 산다는 천년 소나무도 만나리
만 갈래로 풀어헤쳐지는 번뇌의 물소리
무심코 떨어진 단풍 이파리 흘러내린다.

풍상으로 얼룩진 돌들을 이리저리 모아
불심의 일념으로 누군가 올려놓은 돌탑
무간지옥 떨어지기 직전 마지막 순간에
삼독 풀 길 없는 인생의 이 허망함 앞에
돌탑 쌓아 놓고서 엉거주춤 절을 올린다.

나는 누구인가 · 119 외 1편
— 시니어들의 하모니카 연주

윤 한 걸

삶의 굴레를 벗어 놓고
시니어들의 푸른 하모니카 합창 소리
문무대왕 능 앞에서 갈매기 떼 몰고

상록자원봉사단 하모니카 동아리회원
10여 명 줄기차게 달려온 2년을 이제 종강식
새로운 마음으로 모여 단합된 푸른빛으로

여보게. 푸른 친구들 우리 모두 서로 아프지 마세
모든 병은 돌돌 말아 버리고 우리 천천히 늙어 가세
인생대학에는 영원히 졸업이 없다네

감포의 수평선 회타운 방의 아름다운 풍경 소리
벗하며 인간이 만든 굴레에 젖어
눈물나게 그리운 사람들이 오늘 모여 이곳을 찾아

구성진 하모니카 연주를 듣고 있는 오늘이 아닌가
저 멀리 지나가는 고깃배 아롱지고
꿈처럼 아름다운 해변의 여인과

목포의 눈물이 감은사지 삼층석탑 울리고
이웃한 노래방 기기는 짠짜라로 돌아간다
허허 이래도 되는가. 우리 일행 자리 피한다.

나는 누구인가 · 120
— 내장산 단풍

산이 불타고 있었다
가슴속에 묻어 둔 뜨거운 입김이
뜨거운 열기를 내뿜으면서
모진 비바람도 그 뜨거운 여름도

태양의 열기도 가슴에 품고
수많은 밤을 달과 별과 대화하며
지새운 밤들을 보내고 토해내는 각혈
또한 무수한 시간을 달과 별의 속삭임을 듣고

어찌 너는 찢어질 듯 뜨거운 가슴
한으로 남아 이렇게 오색을 토해내는가
내장산 내장사 뜰에 내리는
붉은 꽃비가 내 너를 맞으려

너의 못매를 맞으려 달려왔으니
한 맺힌 너의 각혈을 보려 왔으니
여기가 천국인가 여기가 어디메뇨
가슴이 뜨겁다 나는 누구인가.

여인과 난초 외 1편

이 근 모

난초꽃 많이 피는 삼월
으뜸 여인과 으뜸 난초는
봄새들이 엿듣는 시간
그 산중의 두 꽃 만남으로 복색 꽃이 되어
아름드리 왕소나무 나이테에 기록되었네

예쁜 여인이 푸른 난초 밭 따라
영산의 낭만을 밟으며
바스락바스락 걸어갈 때
변이의 속말 따라
교감하는 나눔은 산 메아리 더욱 울리고

먼 훗날
딱따구리가 쪼아대며 들려주는 날
나 그 난초 밭에 가면
나이테에 감긴 추억을 기리며
그때 그 왕소나무 안아 보리라.

동물들의 모성애

오월이 오고 유월이 오면
모든 동물들이
새끼들을 낳고 기르기에 바쁘다

사랑 만남을 교제하면서
낳고 길러내는 과정마다
종족 보존 본능이 예민해져
갖은 몸짓 수단 방법을 가리지 않고 덤벼들며
만물의 영장인 사람에게도
제 새끼 앞에서는 인정해 주지 않는다

그래서 새끼들이 많은 유월이 오면
사람은 짐승들을 살펴 피해 주어야 한다
숲이 그들의 삶을 보호해 주는 것처럼
생명의 존엄성을 잘 지켜주며
함께 살아가야 한다.

고갯길 외 1편

이기종

예산까지 오십 리 길
자취 물품 가득 넣은 배낭을 메고
땀을 닦고 또 닦으며
외로움과 고달픔과 거센 바람을 보내며
희망과 꿈을 찾아 넘고 넘는다

한 달에 한번 이 고갯길은
찬바람도 가난의 애절함도
나를 축복하고 용기를 주며
인생이란 그렇게 가는 것이라고
나는 넘고 또 넘는다

꼬불꼬불 돌부리 피하며 한 고개 넘으면
또 한 고개가 어서어서 오란다
어둠이 밀려오는 이 고개는
내가 성장하는 고갯길,
꿈을 위해 달리는 고갯길이다.

그 언덕에 가고 싶다

고향 뒷동산 그 언덕
험한 시련 이겨낸 서러운 마음
바람에 날려 보내고
그리움 진하게 몰려올 때는
그 언덕에 가고 싶다

얼룩지고 지친 인생의 뒤안길에서
어언 흰머리 날리니
가슴 시려 버리고 싶은 시간들
이제 모두 잊고
그 언덕에 가고 싶다

썰물처럼 밀려간 추억 밀물로 와도
외로움만 더욱 커져 가니
흩어지는 꽃잎 가슴에 품고
모진 세월 이겨 낸
그 언덕에 가고 싶다.

눈물 외 1편
―비를 기다리며

이 동 근

빗방울은
유리창을 흐늑흐늑 노크하지만
나는, 창문을 열 수가 없어요,

비를 맞으며
또박또박 흘려 쓴
그 편지

구름이 검게 훔치우던 날
마음을 읽어버린 나는,
빗방울이 그리는 획을 따라

유리창에서
흐늑흐늑 흐르는
눈물을 보았으니까요.

술병 뚜껑 돌려막기

술병을 추켜세워 흔들었네,

쪼르르 달려와 주문을 받아야 할
주모는 오지를 않네,

술병을 술잔에 기울였네,

술잔을 채우던 술병에
술이 없네,

술병 주둥이를 후 불었네,

술병 모가지에서는
목쉰 소리만 되돌아 나오네.

소 외 1편

이 만 수

만물의 영장이라고 하는 사람은
횟손 하지만 앞을 못 보고
초원에서 자기애를 역수逆水로 헤아리는
살잡이를 초월한 시인처럼
다이어트를 안 해도 풀을 뜯어먹고 살찌면 잡아먹힐
소가 도살장에서 눈물을 흘리며 뻗대다 죽임을 안다.

재채기

내가 사는 여름은
수은주가 키 재기하는
바람은 어디 가고 태양만 이글거리는
그늘 지우는 수풀을 찾아 여유를 즐긴다

바람은 불어야 한다
기왕이면 다홍치마라고
웃음 바람 꽃 바람 시원한 바람이 불어야지!
추워서 입술 파아란 도시 일터
에어컨은 수은주만 원망하네
비바람 눈바람 피바람 못된 정치 바람은
불면 안 되고 불어와도 안 되지
잃어버린 바람 잊어버려야 바람
실종된 바람 언제 불어올까?
부정은 TV 앞에만 서면 나라가 안다네.

산골 풍경 · 710 외 1편

이 명 우

독신으로 사는 것은 이런 거야
저 하늘을 보아
비도 오고 바람 불고
해도 뜨고 달도 뜨지

결혼해서 사는 것은 이런 거야
저 하늘을 보아
비도 오고 바람 불고
해도 뜨고 달도 뜨지

인생은 이런 거야
저 하늘을 보아
비도 오고 바람 불고
해도 뜨고 달도 뜨지.

산골 풍경 · 720

구름 위에 집을 지었습니다
바로 누워 보니
별로 총총 하늘이 흘러가고요
엎드려 보니
사람으로 총총 땅이 흘러가는
날아가는 집 한 채
구름 위에 우리 집.

아버지의 교훈 외 1편

이 문 재

지식은
성공의 열쇠로
인생 행로의 안내자이며
항해하는 선장의 나침반이다

입은 무겁게, 귀는 넓게 열라고
입은 하나, 귀는 두 개이니
실언이나 실수의 경우
인정하고 용서를 구함이 상책

굳은 땅엔 물이 고이고
냇물이 흘러 강을 이룬다
세상엔 공짜도 요행도 없으니
뜬구름 잡으려고 헛수고 말라

세상은 넓고 할 일은 많으니
항상 겸손함과 고상한 기개로
현명하게 처세하라.

저녁 종소리

빈주먹 쥐고 왔다
안개처럼 사라지는
나그네 신세

백년도 못 살면서 천년 계획 세우고
천방지축 동분서주하다 지쳐
이마에는 깊은 이랑 생기고
머리 위로 쌓이는 흰눈
수백 고개 가시덤불 헤치다 쓰러져
요양병원 신세지는 석양의 나그네들

빛 잃은 눈가엔 추억이 아련하게
주마등처럼 스쳐 가고
삶에 멍든 상처와 행고
나그네의 한평생은 꿈결 같건만

노을 진 들판 가득
저녁 종소리 들려온다.

눈 내리는 내장사 외 1편

이│서│연

회색빛 산자락에
고운 추억 새기라고

꿈결 속 꽃잎처럼
쏟아지는
별
별
별

연못은 보석함이 되어
시절 인연 담는다.

선경仙境의 조각 하나
도량에 띄우는 뜻

사뿐히 헤아리라
떨어지는
숨
숨
숨

이렇게 인연이 깊었던가
마음 젖어 눈 못 뜬다.

연주암을 내려오며

맘먹고 사는 일도
뜻대로 되지 않아
눈물이 끼니 될 때
나한님께 올린 공양

바람도 까딱 않는 걸 보니 부족함이 턱없구나.

한참을 빌어 봐도
찾을 길 없는 가피
바위에 지문 얹어
버둥대며 떼쓴 흔적

자꾸만 앞서는 부끄럼에 쌓은 탑도 무너질 판.

내 몫을 찾는 것이
욕심의 극치임을
피를 말린 기도 끝에
그 하나 얻었으니

바람만 씹고 살더라도 화엄성중 밝히리.

술 도락道樂 외 1편

이 성 남

고독이 못 살게 굴면
허름한 술집 구석 자리 웅크리고
허기진 창자에 세척제로
술을 붓는다

살아온 세월만큼 피곤이 짓누르면
지나간 뒤척여
눈앞에 되돌려 앉히고
필연인 오늘과 대작한다

휘두를 주먹도 없는데
세월은 온 종일 나를 구타한다
가슴팍 치밀던 설움덩이
콧잔등 타고 술잔에 맴돌면

헹굼질 하던 하루 주섬주섬 건져들고
비틀 뒤뚱 갈지之자 걸음
내가 아니고 싶어
거리 어둠 속에 나를 버린다.

겨레의 서시序詩

신비로운 사계절의 국토
단군은 마니산 참성단에 향 사르고
천지신명 앞에 정기 모았다
시새움 부리며 훼방 놀던 이웃 나라
혈맥 자른 세월 36년

전쟁으로 찢겨 광란하는 민족
방황의 길로 맥脈은 끊어지고
우리 것 모두 팽개치고
남의 것 몸 단장으로 치닫는 혼란스러운 정신
인仁. 의義. 예禮 흐트러진다

단군이시여! 천지신명이시여!
광란하는 이 민족 어루어
녹슬은 혼 사그러 들기 전
겨레의 핵核을 건지게 하소서

거듭 생멸하는 순치純致 따르게 하고
풀잎에 스민 이슬도 푸르러
천지인天地人 알고 인의예仁義禮 되찾으면
기필코 기필코 해 돋움하리니.

시간의 뒤안길 외 1편

이 순 우

째깍 째깍
시계가 시간을 먹어치운다
세월이 야생마에 실려 질주한다

잠든 사이 꿈길 따라 흐르고
밥숟가락 세면서 흘러가고
옴짝달싹 않는데도
눈 깜짝 사이로 흐르고

너에게 덜미 잡혀 온 세월
백발이 앞장서누나!

너는 나의 그림자
기쁨도 쓰라림도 함께 해온
과거라는 무덤 속
묻어 버리고
삼켜 버림 그뿐

내 종점까지는
너를 아껴 쓰고 쪼개 쓰다가
결국 퍼 내버리겠지만
너는 황금이다.

점 하나

일인日人 구사노 심뻬이 작
'겨울 잠'이라는 제목으로
점 하나 찍어 놓고
눈 덮인 황야에 외로운 인생 하나란다

나는 역사의 빗금 위 파리 똥 하나 인생이라 했다
파리란 놈 인생을 점 하나로 규결시켜
점 하나 찍어 놓고 도망가다니 멋이 있다
점 하나에서 태어나 점 하나로 돌아가는 인생
점 하나의 마침표는 새로운 시작을 위한 것
점 하나 속 우주가 열리고 점 하나의 세상이 열린다
점 하나의 나의 인생
점 하나의 나의 육신을 위해
내 평생 모두 투자했는데 남은 것은 백발과 주름살뿐
바레리 작
저 바보 같은 미래란 놈 결국 죽음이라니
그 말이 떠오른다

파리똥 지우면서 비가 내린다 비에 젖은 대지를 말리면서 바람이 분다
해님이 웃는다.

사는 게 바람이다 외 1편

이 영 순

헐떡거린 생의 무늬에서
꿈도 사랑도 다 바람이더라

그리워하고 아픈 마음도
고운 바람으로 물들고 싶은데

가슴 뭉클한 속삭임도 산을 넘으면
등 뒤를 밀던 바람이고

해 질 녘 석양을 건너던 그리움도
돌아보면 다 바람이더라

색색으로 물든 그 잎맥 가까이
사는 게 온통 바람이더라

오늘도 그 바람 속에
또다시 그리움 한 줌 품고 간다.

바람의 나무꾼

넘어가도
쉬어 가는
꽃잠 하나 붙들고
바람 소리 지고 가는
바람의 나무꾼아

땀에 젖은 옷을 입어
그래도 떡방앗간 물레방아는 돌아간다

허리가 휘어지도록
그렇게 분주하게 도랑물은 흘러

산모퉁이 돌아
그 길에 이 길을 물어봐도

누군들 그 길을
마음대로 가고 오가랴
나무 그늘 지고 가는 바람의 나무꾼아.

대광운 화도당 추모 겨레시

이 우 재

참빛 태운 광운 학원, 월계도안 큰 기상을
꽃망울 터진 사월에 활짝 웃는 자유로
빛나는 통신 그 태양아, 자비로운 길
몰아친 비바람 앞에서 온 겨레 힘 주셨네
화도 선생님!

아아, 장하도다! 광운 설립자
길이 두고 말하리 할아버지를!

푸른 하늘 떠간 구름 평화상 심은 정의로
선행의 고운 바탕에 참고 견딘 승리자
온 누리 비친 전자탑아 밝은 진리 길
나라 사랑 광운 사랑으로 낮밤을 잊으셨었네
화도 선생님!

팔십 평생 교육가로 근면 성실 선각자로
가난을 이긴 피와 땀 알찬 광운 열매로
생활상 심은 그 교훈으로 성공하는 길
과학문명 밝아 오는 땅 비마상 닦으셨네
화도 선생님!
광운 할아버지!

대지엔 새잎 돋고 하늘엔 구름 맑아

산을 닮은 님을 찾아 봉래골 찾았으나
세상은 빛을 더하는데 떠난 님은 자취 없네

늠름한 육해공군 통신장병 창군사에
앞서간 전자공학 과학자로 창학주로
꿈 키운 유선무선왕 광운학원 설립자

계절풍 안고 돌며 일선 장병 위문길에
통신병 광운 출신 따뜻한 손 전파 타고
전전선 이은 고운 정 참빛 밝힌 화도당

교육계 대장부로 전자공학 선구자로
한평생 일한 값이 나라의 공적되어
오늘도 비마의 날개엔 그 이름이 드높도다

참되고 착하거라 아름다운 참삶 앞에
광운인 큰 꿈 키워 적선지가 필유여경
날마다 곱게 새긴 정 참빛 등불 밝히다

남대문 형제들아 봉래 고향 사랑하라
광운사 참빛 타고 82고지 올라서서
조 선비 연촌대학가 평화의 종 울려라

월계에 살아 계신 다정한 그 넋만은
세월이 더해 가도 변함없는 참빛이니
인생사 부운 같아도 님의 명예 찬란하다

화도의 자리 곁엔 어진 여덕 있었으니
숨은 내조 정성 속에 월계전당 다졌어라
또 하나 기억할 그 님 옥동여사 아니던가

험난한 능선 고비 기도로 넘기면서
남모르게 흘린 눈물 보람으로 거두려고
오로지 넉넉한 마음만 베풀고 또 베풀었네

오늘날 광운의 탑 어찌 솟아 올랐던가
화도박사 옥동여사 복된 손길 아니던가
소중한 두 분의 공덕 길이 새겨 노래하세

고운 정 눈물로 또다시 불러 봅니다
우리 할아버지 광운 할아버지
사월의 꽃은 피고 져도
알찬 열매는 곱게 맺어도….

금잔디 푸른 싹은
어여쁘게 돋아나도

한 번 가신 선생님은
다시 오실 길 없어라

인자하신 화도 선생님 안녕히….
자상하신 광운 설립자 조광운 박사님
고이 고이 잠드소서!

봄밤의 꿈 외 1편

이 원 상

새벽 미명에 임이 머리맡에 나타나서
방긋 웃으며 꽃 한 다발을 안겨 주고
어딜는지 훨훨 날아갔지

임이 날 그리워하고 내가 임 그리워하니
허전한 맘이 봄밤에 눈물 되어
앞개울로 통곡하며 흘러갔지

찰나의 희열도 미풍으로 날아가니
우수의 파문이 가슴속에 일었지.

녹차 밭

바람은 남풍
해 돋을 무렵 녹차 밭에
함초롬히 내린 옥이슬이
은빛처럼 반짝이는 얼굴로
아침 햇살에 찻잎은 해맑간 샌님이 된다

물결치는 차밭 능선에
청록 기운이 주위를 에워싸고
불덩이가 솟아오르니
황금빛 파노라마가 착시된다

대지의 봄은 녹차 밭에 어리어
마음을 설레게 한다.

아버지의 섬 외 1편

이 인 오

헝클어진 그물이 널려 있는 뱃전에
희미한 불빛과 함께 밭은 기침 소리가
세어 나온다
바람은 회오리 되어 뱃머리를 흔드는데
한잔 술이 수면제가 되었다는
내 아버지
수술 흔적이 곰보처럼 나 있는 목덜미가
벌그레 물들었다

바다는 물먹은 별들을 모아
눈물을 만들고
벌거벗은 가슴은
바람이 통과하는 문이 되어 쓸쓸하다

강물도 기억을 머금고 흘러갈까
흘러가다 억장이 막혀서
멈췄다가 흘러갈까
홀로 떠 있는 섬이었던 아버지
묵묵히 애써
눈물을 보이지 않았던 나의 아버지

네 어미는 바람이었노라고
회귀하는 연어처럼 돌아올 거라고

퍼지는 담배 연기 따라
흐르는 눈물 한 줄기 허공으로 보내면서
허허로운 웃음 짓던
강변 움막집에 사는 내 아버지
새벽이슬 맞은 갈대로 어망을 짠다.

가시나무
—친구에게

그랬구나
한동안
내 마음을 모질게 부여잡은 게 너였구나
눈물 젖은 마음밭
무심히 끓어오르는
그리움, 헹굴 수 없어 목이 마르다
미어지도록 아리고
내 눈에 눈물이 고이게 하는 게
너였구나
그 집 앞을 마냥 그대로 서 있다
돌아오는 걸음마다 가슴 밟히는 게
너였구나.

언제쯤 하나 될까 외 1편

이 재 곤

반세기 분단 아픔 이산의 서러운 꽃
남과 북 한 마당이 가슴벽 두드린다
통한의 쓰라린 상처 치유는 언제일까.

통곡의 저 할머니 울부짖는 할아버지
무수한 소낙비가 쏟아지는 면회 파티
눈물의 반쪽 살림은 언제쯤 하나 될까.

찔레꽃

그리움 여울져서
향기가 되었는가
순결을 알리려고
흰 꽃잎 피우는가
봄바람
유혹 때문에
가시로 무장했나.

배신한 그이 보고
사랑한다 하였는가
망울진 멍든 가슴
빨간 열매 되었는가
산기슭
찾는 이 없어
체념諦念하고 지내는가.

귀농 외 1편

이 재 성

도도한 세월 속에
찾아온
고희라는 손님

아—하
치차에 맞물렸던 세속
이젠 자아의 노래를 부르리

소리 없이 피어나는 들꽃처럼
눈물 없이 울고 있는 산새처럼
연기 없이 불타는 사랑처럼

소욕지족

창밖으로 펼쳐진
아아한 산줄기

텃밭에 웃음 짓는
생명의 노래

속세를 접고
귀농한 석양빛

창살 없는 청화대
부럽지 않네.

풍경 소리 외 1편

이 재 옥

단풍잎이
가을바람 보고
손잡고 놀자 해도
싫다며
심술을 부리더니

이내
산바람
산사로 내려온다

산사 처마 밑
한 손으로 잡고 있는
풍경을
흔들어 본다

댕댕
웃음 보이는
풍경 소리.

오늘

오늘
새벽을 부르니
여명이
빗장을 열어 놓는다

새벽을
오늘에
걸쳐 놓고
살며시 어디로 가버렸나
아침 햇살이
새벽 이슬에
목욕재계하고
나오니
눈부심에

룰 룰 랄 랄
오늘이
왔다고 노래하는
젊은 친구
참새.

동해 일출 외 1편

이 전 안

누이의 초경 빛처럼
애벌구이 비린 해가

동해의 양수 속에서
발그스름히 차오르다

기어코
모 없이 둥근
심장에 불을 켠다.

익명의 바람 소리도
어디선가 들려오고

한 천 년 쟁여 놓은
묵상默想 같은 약속으로

비로소
우리 갈 길 위에
먹구름 걷어낸다.

환속하는 물레새

엊그제 물레새가 가리장나무에 앉아서
허기진 목소리로 속 끓이듯 흐느끼고
얼음물 시린 서글픔 목울대 적시던 것을.

할머니 물레 잣던 그 겨울 인기척처럼
창밖에는 서럽도록 하얀 눈 내리는 소리
잠든 산 흔드는 기미 이명으로 들리는데.

억새꽃 은빛 물결 철길 곁을 쫓아 흐른다
할 말 다해 버린 강물 위에 해랑 노는 물레새
부리에 금띠 두르고 날개 저어 가고 있다.

풍조風鳥 외 1편

이 정 님 이룻

참으로 곱소
좌우 살랑살랑 흔들며 춤추는 날갯짓
마치 꿈을 꾸는 듯
당신의 열정이
어느 지점에 닿아 불꽃이 튈까 두려워
그 폭신한 갈기에 얼굴을 숨기오

내게 다가서지 마시오
빌보드 장식깃에 눈이 부시오
사랑은 날개가 달린 태양이라 했소

콩닥콩닥
당신은 신비한 미소에
숨이 막히오

차라리 날 떠나시오
차라리 나를
애증의 우모羽毛로 찔러 대며
휘바람 울음으로 울어 주오.

연리지 사랑

우리 집 작은 정원에
기쁜 날들이 모여 꽃으로 피었네요
벌 떼들이
윙윙 사랑 찾아 날아들고

아! 꽃향기 좋다
당신은
한 송이 꺾어 코끝에 부비다가
내 머리에 꽂아 줍니다

내 손에 포개진 당신의 손
어찌 그리도 따스한지요
온몸에 전해지는 행복함에
가냘픈 목울음 꺽 꺽
몰래 삼키며 산책을 합니다

어디에선가 들려오는 풍금 소리
아이들이 모여들고
못내 참았던 그리움들이
교실 안 가득 출렁이고

이 아름다운 교실에서
우린 서로가 연리지 가지로 엉겨

서로의 빈집을
사랑으로 채워집니다

사철 봄볕이 녹아내리는
이곳 우리의 텃밭에
남은 세월도
사랑 한 톨 한 톨 일구며
당신과 나
나부끼는 일몰의 백발을 바라보며
영원까지 눈 마주하며 살아요

우리는 이 행성行星에서
오직 하나뿐인 연리지 사랑입니다.

심원사 가는 길 외 1편

이 정 록

쌍룡계곡 지나서
돌밭 길
돌고 돌아

외나무다리 같은
아득한
숲속 길로

십 리를
더 가야 하는
심원사 가는 길

붉은 단풍이
서러워
눈시울 적시다가

쪽빛 하늘
저만큼에
임 한번
그려 보고
미소 한번
지어 보고

솔바람 소리에
마음 빼앗기다
다람쥐와
눈 맞추는

심원사
가는 길은

사람 내음이
그리운
외톨이 오솔길.

대승사 가는 길

진달래꽃보다 더 가슴 설레게 하는
눈이 시리도록 붉은 단풍이
지천으로 깔려 있는 대승사 오르는 길엔
솔바람도 함께 하였다

삼 년을 하루같이 다녔던 길을
난생 처음 걷는다며
걸음마다 추임새 넣던
소녀 같은 불혹의 여인
하늘 닮은 눈망울 때문에
그땐 깜빡 속고 말았다

가을 단풍보다 더 가슴이 시린
첫눈이 자지러지는 날
솔바람도 없는 대승사 가는 길엔
걸음마다 추임새 넣던
불혹의 소녀 같은 여인의 환상만 그윽하고

눈 내리는 날이 다시 오면
가을 단풍보다 더 가슴이 시린
눈이 내리는 날이 다시 오면
눈 오는 대승사 길은 생전 처음이라고
불혹의 그 여인을 속이지는 못 하더라도

소녀 같은 그 여인의
나비처럼 가뿐한 추임새 한번 봤으면 좋겠다.

무등산無等山·2 외 1편

이 정 룡

천년 묵은 가슴
고독이 머흘대는 자리
안개 서린 능선이다

등고선等高線을 따라
한사코 기어오르는
꿈길에 서면
피가 돌아 선돌
구름 꽃을 피우고···.

성좌星座 누리는 하늘
빈 머리에 내뿜는
갈매빛 나래 속

세월을 딛고
허공을 손짓하는
천고千古의 우람함이여

거센 숨결을 귀담아 듣다
멀리 아슴아슴 떠오르는
아지랑이 눈여겨보면

잠시 이승을 떠난

호젓한 산자락의 포효….
구름이 너울너울 물결쳐도
푸른 산령山靈 무량한 무등無等
그 가슴이 바다 되어
떠 흐른다.

산마루를 타고
―보월행保月行* 버스

먼지 묻은 의식의 풍경 넘어
숨통 안으로 가느다란
목줄기 타고 가까스로
숨차 오르다가

하늘 언저리 떨구는 목소리 떠도는
아아라이 영嶺의 산그리메
머리 위 흰 구름 속
고향이 머홀댄다

차가운 입김 서린 차창 안
하루살이 봇짐살이
숨막히는 아수라阿修羅가 머리 푼다

하늘 너머
훗한 용마루
기인 긴 꿈 감아 도는
새벽에의 장정長征

턱수염 늘어뜨린 언덕배기에
매달린 보름달이
어스름 장바닥을 적시고

세월이 타오르다
생활의 곤한 날개가
파도빛 타고
한식경 구름을 넘는다.

※보월행: 전남 광주에서 화순군 이서면 보월리에 이르는 버스 운행 코스로, 매우 험한 길임.

장승

이 종 문

욕심 많은 인간의
부질없는 허세보다

겉 다르고 속 다른
악마 같은 웃음보다

못난 듯 험상궂지만
일편단심
외길 절개.

썩은 뒤에 이름이야
남이야 알든 말든

부릅뜬 두 눈으로
세상을 직시하며

마을의 태평성세를
지켜내는 수문장.

새벽길

마음 하나야 별처럼
반짝반짝
남고 싶지만

오늘도 널브러진 속세의 부스러기 속

샛별이 빛나는 여명黎明
희망 하나
찾으러 간다.

생의 종말 외 1편

이 종 수

한때는 경계도 구역도 없는 망망한
블루 오션을 거침없이 종횡으로
누비고 다니며 찬란한 생을 누리던
호화로운 시절도 있었으나

어느 원양선의 그물에 걸려 한 생애가
끝장나고 말았다. 이제는 냉동되어 수산시장
중개인의 현란한 손가락 놀림에 몸값이
호가呼價되고 있다. 주검을 앞에 놓고
벌어지는 인간들의 욕망과 술수는
한없이 비정하고 냉엄하고 치열하다

불의의 주검 앞에서 눈물 콧물조차 메마른
인간들이 혈안이 되어 혹여 누가 볼세라
바른손을 상의 속에 은밀히 숨기고
숨 가쁘게 오고 가는 저 음험한 눈짓과
몸짓과 손짓… 혼잡한 새벽 수산시장
공판매장이 시끌벅적 후끈 달아오른다

인간들의 얄팍한 잔머리 굴리기
저 치밀하게 계산된 재빠른 손놀림을
혹여 인간 지능 알파고가
남몰래 한수 배울까 봐 걱정이다

종당에는 어느 누군가의 손에 들리어
주방의 도마 위에 오르고야 말리니
주부의 예리한 식도食刀로 거두절미하고
자초지종 한생애가 적나라하게
절개되고 해체되어 한 가족의 구미口味에
기쁨조가 된 파란만장한 생애가 모조리
지상에서 영원히 꼬리별처럼 소멸되고 말리라

저 결빙되어 있는 처절한 생의 피규어
장고의 묵묵부답, 저 심사숙고
싸늘한 침묵… 종생終生의 모습이 실로 애처롭다.

호산나

내 유년 곤핍困乏한 시절, 향촌에 뻐꾸기가
울면 밀, 보리도 키가 훌쩍 자라 황금
빛으로 여물고, 따가운 땡볕 아래 깜부기가
드문드문 보이는 보리밭 여치 소리도
천지간에 사방팔방 백가쟁명으로 드높았다

그때가 되면 불청객 하루거리손님(학질)이
찾아와 호시탐탐 내 유년을 잔혹하게 괴롭혔다

도배도 반자도 하지 않은 대들보와 서까래가
쥐라기 공룡의 늑골처럼 훤히
보이는 천정은 황토 자연 그대로였다

그 천정이 가까웠다 멀어졌다 무한 소수처럼
반복하며 어질어질 거리 감각을 마비시키고
헤어나기 어려운 혼미의 나락으로
떨어뜨렸던 내 유년의 혹독한 괴질怪疾―말라리아

허약한 편은 아니었으나 불의에 사경을 헤매는
세환世患에 시달리고 호산나를 되뇌며
간난신고를 겪었던 내 유년의 곤비한 세월….
나는 립 밴 윙클*이 되어 지난날을 되돌아본다

녹청 낀 놋쇠 숟갈에 노란 금계랍을 물에
타서 손가락으로 몇 번 저어 굳게 다문
내 입을 벌리고 막무가내로 먹여 주던 어머니의
애정 어린 손길, 놋쇠 숟갈의 금속성
시각과 미각과 촉각, 소태 같은 금계랍의 맛

침묵하던 내 생존 메커니즘은 목구멍으로
치밀고 올라왔다. 환장하게 쓰디쓴
그 맛, 말초신경으로부터 역류하던 토악질
나는 입 악다물고 눈물을 삼키며 나를 다잡고
침투한 리케차와 치열한 투쟁을 했다
괴질을 제압하기 위해서 혼신으로 고군분투했다

알고 보면 중앙아프리카 미개인들이나
복용했을 노란색 키니네, 그 시절 우리는
저 검은 땅 미개인 수준이었을 것이라고
추정해 보면 나는 그들과 별로 다르지 않았으리

내 영혼의 노란 하늘에 노란 별들이 명멸하던
유년의 한때… 아, 그 시절의 때까치와
여치와 뻐꾸기와 꾀꼬리 소리가 사중창의
전원 교향곡으로 변주되어 잃어버렸던
내 추억의 쥐라기 먼 뒤안길에서 대양의 푸른
물결이 되어 일렁일렁 너울지며 밀려오는 듯하다.

※ 립 밴 윙클: 20년간 산속에서 잠을 자다 일어나 보니 세상이 변한 것에 놀랐다는
  인물. 원문은 워싱턴 어빙의 책. 인용은 유종호의 『회상기―나의 1950년』에서

사과 외 1편

이 지 언

네 고향은 노을이었다
하루의 기억 속에서
잊고 싶지 않은 순간에 대한 바람을
잘 익은 홍옥 속에 그려 넣는다
날마다 찰랑이며 꿈꾸는 강물로 빠진
태양의 고독 위에 찾아와 스며드는 너
석양 속에 차츰 지혈되어 가는
슬픔을 머금은 하늘을 올려다본다
여물어 가는 너를 품은 채 돌아서야 하는 오늘도
물거품 속에 사라져 가고….
네 고향은 수줍게 다가오는 소녀의 볼에도 서려와
나의 마음에서, 너의 마음에서 물처럼 흐르다가
우리가 잊었던 날들을
상큼한 아침 햇살처럼 나를 흔들어 깨운다.

가을 산책

세상 어느 누구보다
가장 가까이서 내 맘을 읽어 주던
작고 여릿한 잎새들이
어느덧 짙푸른 청춘을 보내고
빨간 벽돌로 이승과 저승의 벽을
둘러치고 있네
감물 들인 옷감으로 옷을 지어 갈아입고
소리 없이 늙어 가는 그대를 보네
늙어 가는 일에 서러워 말자던 말이 생각나
하늘을 올려다보니
살아온 날들이 부끄러워
선량한 잎새 하나 말없이 주저앉고 말았네
잊고 살아온 날들이 우둑 우둑 떨어져
해 지는 줄도 모르고 보내는 순간이여, 하루여,
어느새 나도 그대처럼 속절없이
오늘을 보내네. 또 다른 나를 떠나보내고 있네.

산山 외 1편

이 진 석

파아란
하늘과 맞서
성지聖地처럼
조용히 내려앉은
너는
어느 날
화관의 향기를 품었건만
오늘이사
푸른 꿈 보낸
훌륭한 몸으로
어찌 이리도
긴 기다림이냐,

다시 올
계절을 위해
지금
황막한 길목에서
여기
정적한 내 몸 위에
나의 푸른 혼을
하나 하나 뿌려 본다.

조간신문 朝刊新聞

또 하나의
아침으로 향한 빗장이 열리며
쏟아져 들어오는 사연들
고달팠던 어제의
수축된 눈동자들이
거리에서 지붕 밑에서
달려오는 너,

오늘의 첫 층계에서
지녀야 할
긴장된 몸매
너를 받아든
우리의 가슴들은
가벼운 기대 속에
아침 해를 끌어올린다.

대합실과 사람들 외 1편

이 진 순

기다리는 어깨 위로
햇빛이 사위어 간다

쇠락한 주름은 우수를 견디며
먼데 희망마저 놓아 버린
늙은 어미 새의 눈꺼풀이 힘겹게 움츠리고

책가방 무게만큼
청춘에 허기진
여린 꽃송이가 안쓰럽다

땅 끝 오지에 까치발 딛는
의지 하나로
젊음을 걸고 있는 푸른 깃발의
아우성이 살아 있는 곳

의자 한 칸의 고단함과
짐 보따리 한 덩이의 사연들과 같이
저무는 시간은
녹아 스미는데

내 손에 들려진
흑백 필름
영혼의 울에서 들썩이고 있다.

세월의 이름으로 꽃씨 한 톨

언제부터 풀잎 하나
자릴 잡더니
햇살 구경에 취해
시들고 저만치 고개 접는가

바람이 시간을 타고
슬며시 밀어내도
뽑히지 않는 잡초 되어
질기게 흔들리고

버리지도 태우지도 못하는
애증은
세월에 떠밀려
어느새
틈 하나 훤하게 벌려 놓는다

타인의 강 되어
유수의 퇴적물 산처럼 쌓일 적에
맑은 샘 들여놓아
나는 세월의 이름으로
꽃씨 한 톨 키운다.

서대전역 외 1편

이 한 식

보내는 사람도
떠나는 사람도

너무 아파 말도 못한 채
설레고 떨리는 마음

돌아온다는 그 말 때문에
차마 못할 만남과 이별

기약 없는 기다림
사무치는 그리움

떠돌아다니다가도 되돌아오는
마음의 고향 서대전역

미운 정도 사랑이던가
저 멀리 사라지는
시그널 소리.

글쎄

고향이 가까워지면
아직도 철없이 가슴이 뛰고
설레는 것은 나만 그럴까

아니다 고향이란
누구나 똑같을 것이다

어려서나 자라서나
언제나 고향은
마냥 달려가고 싶은 곳

나이 들어가면서
이제는 내가
얼마나 더 찾아올까

문득 그런 생각이
자꾸 들어감은 왜 일까.

진솔한 사랑의 마음 외 1편

이 형 환

향기 피는 그대의 입술에
입맞춤을 하며
진정으로 사랑하기에
뜨거운 포옹도 그립다

내 심장이 잠시 멈추더라도
그대 가슴에 꼬옥 안기어
장미꽃 향기 퍼지는 사랑을 느끼면서
모든 것을 잔솔하게 속삭이고 싶다

사랑하는 마음은 죄가 아닌
하늘의 축복이며
만남도 하늘의 뜻이기에
더욱 귀하고 아름답게 키우고 싶다

오로지 그대에 대한 사랑은
변치 않는 썰물이 되고 밀물이 되고 싶다

검은 장미꽃 같은 어둠을 지나
붉은 장미꽃 같이 피어오르는
아침이 오기까지 아름다움 사랑을
나누고 싶은 것이 진솔한 마음이다.

가을비의 사색

촉촉이 내리는 사색의 가을비를 맞으며
지난 삶이 내 가슴을 얼마나 적셔 왔는가!
생각해 본다

봄비는 가을을 위하여 있다지만
가을비는 무엇을 위하여 내리는 것일까?

열심히 살아가는 것인가
마음 한 구석에 허전함만이 자리를 했나?
훌쩍 생生을 떠날 날이 오면 미련 없이
떠나버려도 좋을 만큼 살아왔는가?

싸늘한 감촉은 인생의 끝자락에서 서성이는
이에게 가라는 신호인데
온몸을 적실 만큼 가을비를 맞으면서
그때는 무슨 옷으로 다시 갈아입고
내일을 가야 하는가?

단풍과 낙엽 사이 외 1편

이 호 정

의사는
6개월 남았다 하고
막내딸은
따라간다 하고
맏아들은
생활비가 없다 하고

환자는
더 살고 싶다 한다
우주를 적분하면
하나가 되고
세월을 미분하면
영원이 된다.

매품
―별난 노동

곤장 백 대면
사람이
죽는다
네가
내 앞에서
고분해야 좋다
전쟁도 장사이라
다 죽이면
신부름꾼이 없어

매품하면
뭐니 뭐니 해도
예수가 으뜸이지
해탈과
열반 사이에서
영과 육을 나누어
목수 아들로 태어나
통나무로 배를 만드니
평화 중의 평화일세

백의종군의
이순신 장군이
그렇고

사람이 하늘이다의
전봉준 앞장이
그렇고
동양 평화론의
안중근 의사가
그렇다

두 발로 땅을 밟고
하늘로 머리를 둔
사람아
너희가 지난 세월에
공포정치 말고는
무엇을 이루었나
제발 하루를 살아도
지구별 낙원의 한반도 성지에서
팔천만 생불이 숨쉬고 있다.

백내장 외 1편

임규택

돋보기 너머로 보이는 것은
모두가 욕심이었다

안경을 벗어 버리고 싶은 염원이
시력과 타협할 수 없는 어둠을
받아들여야 했을 때
눈은, 둘도 하나요
하나도 둘이었다는 앎에 다다르게 되었다

마음의 눈 속에
내려놓아야 할 불안의 무게가
가벼워 보였던 이유는
잃은 만큼 얻을 수 있을 것이라는 기대가
생각을 바뀌게 하는 첩경이었다

수정체에 가려진 물상들이
뿌옇게 길들여지는 안타까움을 벗어나
분별력의 한계를 넘었다는 믿음 때문에
빛은,
남아 있는 세상도 멀리 바라볼 수 있는
기도를 실어
나를 뒤따르고 있는지 모르겠다.

뷔쏭※

숲이
섬을 지키고 있는 이유는
흔들리며 서 있어도
외롭지 않겠다는 다짐이었다

성난 바람, 뛰는 파도의 고삐를
가슴에 묶어 놓고
한 잔의 커피 향으로도 넉넉할
풍경을 그려내고 싶어서였지

역마살이 동아줄을 내려놓은 포구

꿈꾸는 바다 함께 커튼을 열어
비린내에 물들고
쪽빛에 젖어
비상의 나래 펴고 하루를 날아 날아,

손겪이 꽃물이 올레길로 번지면
만남의 종종걸음들이
구름이 양 흘러 모이리.

※프랑스어로 수풀을 뜻하며, 서귀포에 있는 카페 이름

목단꽃 외 1편

임 성 한

목단꽃을 대하면
한복을 소담하게 입고 앉은
누님을 본다

해방기의
흰 저고리 검은 치마 처녀들도
편지로들 고백했던 사랑도
눈앞에 나타난다
가슴 설레는 가곡도
은은히 들린다

목단꽃이 나를 찾아 준다
가끔
세상이 복잡하다고 걱정하여.

바람

인생은
한줄기 바람

저 하늘 저 구름 타고
왔다가
저 벌판 저 강 위로
사라지는 것

고작 그렇게
사라지는 것.

고향 외 1편

임｜제｜훈

돌아서면 월말 꼬리가
새앙쥐 뒷발로 펄럭이니
아내 이순다섯에
수저 놓고 문중산에 간 지
벌써 둘 뺀 십 년이네

고향 문중산
일가 사람들 우글거리니
덜 적적할까 했으나
내 찾는 게 일년에 몇 번

사월 막판 금년 처음인데
형님이 묘 잡초 뽑으래서
호미 들고 두 시간 넘게
새아내 맏아들 나 셋이
몇 번 허리 재며 대충 정리
싸 간 점심 오후 5시
큰집에서 먹고

여든한 살 형수님
이승 저승 아슴하네
맘에 덜 차 하시던 어매
군에 간 형님 새댁 형수님

이제 다 내던지고
말소리조차 흐릿하네

호롱불 켜고 공부하던 집은
전깃불로 바뀌고
옛 통시터 깔고 앉은
주먹만 한 홍모란꽃
부잣집 맏며느리
너무 곱고 예쁘다

텅 빈 마을은 진달래 벚나무
꽃과 나무들 방귀 내음
빈집들 사이로 허수아비 같은
더러 다니는 사람들
이분들 산으로 들어가고 나면
마을은 들고양이들 차지겠네.

하늘 잠

하늘은 잠, 뭔지 모른다
그 넓은 나래
어디에 접어두고
코 골며 잠자겠나
코 골면 어느 하나
성하게 살아날 게 있어야지
들이마시는 콧바람에
해 달 바다 산 기타 만물
콧구멍 속에서 다 망가지지
당찮은 거짓말 그만하게나

뼈다귀 없는 하늘과 물
바다 호수 강
한낮에 애인으로 부둥켜안고
밤엔 얼싸안고 잠자지
민낯에도 너무 고달프면
구름 덮어쓰고 자는 거지

한낮에 바다 호수 강
태풍 불러다 놓고
악사 풍악 잽혀
주색에 진저리 농탕쳐도
어느 하나 깝죽거리겠나

하늘은 만물의 영장
모든 신들의 조상
아무리 떠들고 날뛰며
세상 뒤집어 놓아도
잠자거나 눈 초롱해도
건방지게 대들어
따지거나 방해하는
아무것도 아무것도
신통하게 없다네.

그대 품에 외 1편
—울릉도에서

임종본

천지 자연의 영화로운 땅
그 품에 안기어 눈 뜨는 아침
가슴 가득 꽃으로 핀 명이나물과
부지갱이의 조화로운 만찬
산과 바다를 온몸으로 느낄 수 있어
시간조차 쉬어 가는 곳
소곤거리는 파도 위에
여울지는 괭이갈매기의 이상은 크고
사랑의 하모니를 부르는
천상의 꿈에 휴양지
죽도를 바라보며
바람과 숨 쉬는 부부는
오늘도 성운의 금실과 은실을 엮는다.

후회 없는 사랑

장마가 내려놓은 덕숭산 능선이
훌러덩 벗어버린 호수에서 일어서고 있다
천둥 소리에 놀라 뛰어다니던
작은 오리걸음이 제법 편안해졌고
열매 맺기를 다한 과실과
서너 평쯤 되는 채마밭의 색깔이 한층 짙어진
7월의 장막 그 휘장을 걷고
천천히 바다로 가는 여름은 아쉬움이 없다
고추밭 골에서 금빛 이슬 첨벙대며
초록 피망이 히죽이고
온통 보랏빛 꿈만을 고집하는 가지나무 몇 포기
그 위에 조선오이 넝쿨이 사납다
성질 급한 옥수수 대궁을 가른 채
알알이 세상을 훔치는 아침
날마다 내 속을 왔다 갔다 하는 사랑
그 오색빛 하늘 아래
동그랗게 품는 그리움 한 조각.

11월의 편지 외 1편

임 한 수

오늘은 외로운 달
11월의 편지를 전하고자 합니다
가을 편지라 쓰고 싶었습니다마는
그냥 11월의 편지라 적었습니다

당신이 보내준 단풍잎 편지는
가을 노래이었습니다
코스모스도 피고
들국화도 피어 있는 계절이었습니다
지금은 낙엽이 지는
그리고 눈물도 지는
조선의 여인들이 즐겨 부르던
외로운 계절입니다

그립다 하거나 보고 싶다 하는 말은
쓰지 않겠습니다
나도 당신도 같은 마음으로
이 편지를 읽을 것이니
이 강토의 외로운 백성들이
꿈이 이루어지는 날,

그 계절에
편지를 또 부치렵니다.

그 섬으로 돌아가리라

그대여!
우리 이제 그 섬으로 돌아가자
돛단배 그림같이 떠 있고
붉은 동백은 흰 눈이 내리는
언덕에 모습을 숨기는
그 섬으로 돌아가자

키 작은 나무들이
외로움을 삭이며
은하의 별빛이
그리움으로 나릴 때
파도 소리 고요히 들려오는
이 바닷가에서
당신은 조개를 캐고
소라도 잡을 것이다

멀리 수평선 너머
저녁노을 붉게 물들면
나는 마지막 돛을 올려
밤바다에 젖어드는 그리움을 안고
당신께 돌아오리라

갈매기도 없는 밤바다

파도 소리만 고운 이 밤바다에
소라의 꿈이 영글어지는 날
당신과 나는
또 하나의 섬을 안고
이 밤바다의
깊은 꿈에 젖을 것이다.

무상無常 외 1편

임 향

마음으로 나는 세상
바람을 잡겠다고 나선 발길
어느덧 해가 지고 있구나

해 떠야 보인다고 누가 말하던가
지나 뜨나
어두우나 밝으나
해는 늘 그 자리에 있는데
혜안이면 구름인들 못 잡으랴.

제평사 풍경 노래

추녀 끝에 매달린 소리 길
깨어나라
무명을 벗고 늘 깨어 있어라

항마진언이 따로 없구나
나쁜 기운을 흩고
아귀를 쫓아 도량을 맑히는 노래

물고기가 물 없는 허공에서 헤엄 치친다
살아서나 죽어서나 눈 뜬 수행
집착을 끊고 내면의 귀로 들리는 노래

마음 버리면 해탈이다
오늘도
제평사 풍경 노래가 정겹구나.

거울 앞에서 외 1편

장| 동| 석|

어쩌다가
거울 앞에 서서
깜짝 놀란 적이 한두 번이 아니다

내 젊은 땐 홍안의 얼굴에
까만 머리가 무성했는데
이순耳順의 세월이 흘러간 지금
이마엔 인생 계급장이 늘고
흰 머리카락이 다 빠진 노년으로 전락해 버렸지

가슴속에는
언제부터 한 마리 구렁이가 들어앉아
이 세상을 영악하게 살아가는 이치를 터득한 듯
위선僞善의 탈을 쓴 채
오늘도 분주히 잔머리만 굴리고

한 세상을 살아가면서
때론 날이 선 일상에 물들고
뱀의 습성처럼 헛바닥 날름대다가 잘려나간 채
그때마다
모든 것을 세월 탓으로 돌렸었지

모가 진 돌멩이도

비바람에 씻기고 거센 풍화작용에 깎이고 깎여
못생긴 몸뚱이가 곡선을 이루어
반들반들
결국 잘생긴 얼굴로 변한다는데
거울 앞의 내 모습은
돌이킬 수 없이 흉측하게 일그러진 형상으로
세월의 강을 건너고 있다.

장맛

그 옛날
내 유년의 고향 집 뒤란에
옹기종기 놓아진 질그릇 장독마다
달빛을 빚어내 익혀 놓은 장맛이 최고였지

녹록잖게 살아온 세월만큼
철 따라 기력이 예전 같지 않아도
대대로 내려받은
곰삭아 띄워 논 달달한 할매집 된장 맛,
양지 뜰 접시꽃 봉숭아에 둘러싸여
이런저런 사연 얽혀 우려 낸
곡절도 깊어야 제 맛 난다는 노처녀집 간장 맛,
긴긴밤을 홀로 지새우고
날로 깊어지는 손맛 정성껏 삭혀 가며
수절한 세월만큼이나 변함없는
눈물로 달여 놓은 고추장 맛,

그 옛날
내 고향 집 뒤란 투박한 장독마다
정갈한 솜씨로 긴 세월을 발효시켜 놓은
구수한 장맛이 최고였지.

바자회에 보낸 옷 외 1편

장 문 영

장롱 속에
숨 쉬고 있던 젊음
아쉬움과 미련을 버무려
자선바자회에 내놓았더니

나보다
더 사랑하고 아끼며
세상 구경
자주 시켜 줄
새 주인을 찾아갔다

나의 하루하루가 묻어 있고
세월의 무늬가
추억으로 얼룩진 정든 옷

나와 연은 다했지만
새 삶의 동행인과
동고동락하며 사랑 받길
바라는 마음 간절하다.

젖은 노숙자

저무는
달력 한 장이
왠지 추운 겨울처럼
쓸쓸해 보이는 날
추적추적 초겨울에
비바람 흩뿌리면
마음도 울적하여
비에 젖는다
미지의 세계를 꿈꾸며
서로 부둥켜안고
비에 흠뻑 젖어
초라하게 누워 있는
각양각색의 낙엽
가난하고
헐벗은 노숙자마냥
젖은 삶이
애처롭기만 하다.

보석과 자갈 외 1편

장｜병｜민

여기
남편이란 큰 바위 돌 하나,
착하고 어진 아내는
갈고 닦아 찬란한 빛을 발하는
보석을 만들었고
모질고 악한 아내는
꽉꽉 때려 부숴 쓸모없는
자갈을 만들었지,

뒤집어
남편과 아내를 놓으면
피장파장 피차일반
남편은 당신의 얼굴
아내는 당신의 마음
사랑의 열정으로
얽매인 삶 풀어놓고
조화 이루는 보석과 자갈.

기라성綺羅星

아리수 여의도 둔치
강태공 낚싯줄엔
토종 아닌 외래종만
줄줄이 걸려 나오네,

옛날엔 선량이고
요즘엔 민초 등치는
후안무치 안하무인
권력 바라기 300명

저 무수한 불빛들은
바람에 귀 기울이며
기적처럼 닦아올
맑은 거울 민의 전당,

밤하늘에 반짝이는
별들의 노래 속엔
부침과 영욕 속에
사라져 가는 기라성.

메밀꽃 여정 외 1편

장 영 규

고갯길 사경 즈음 푸른 달빛 비껴 있고
소금기 짙은 바다 초록 물살 붉은 향기
흰 수건
무명저고리
자주 치마 여민 그대

푸른 잎 붉은 줄기 하얀 꽃 검은 열매
허기진 비탈이다 노란 뿌리 묻어 주고
박토엔
붉은 줄기
아픈 꿈속 순한 웃음.

봉평을 찾아서
―이효석 생가

봉평에 도착하니 아늑한 평온으로
작가의 문학세계 우리를 인도하고
그분의
문화 업적
금자탑 이루었다

가산 소설 배경 봉평 이효석 생가터에
야생화 꽃 피우며 보리밭의 산촌 향수
산 위에
떠 있는 보름달
유난히 눈부시다

가산의 문학관으로 발자취 찾아보고
유년의 생애와 메밀꽃 추억으로
가산은
가시었어도
문학의 꽃 피웠다.

치매 외 1편

장 | 인 | 숙

치매에 걸리면
가족 친지들을
크나큰 불행의 늪에 빠뜨리고
본인은 나 모른 체
마음에 안 들면
소리 지르고 욕도 하며
분별없이 마음대로 집을 나서지만
저장되지 않은 기억으론
늘 새롭게 느껴지는 환경에
두렵고 겁에 질려
여기 보고 저기 보며
지척이는 발걸음

나를 잃고도
잃은 줄 모르는 처연함.

기다림

청잣빛 다기
목쟁반에 담아
다포로 덮고
차와 다기 물 준비

그가 와서
이 차를 마시면
찻물에 우려진 그리움
얼마만큼이나 알아낼까.

강변의 철길 외 1편

장재관

하늘도 강물에 몸을 담그고
더위를 식히는 오후
작열하는 햇볕에 쫓겨
쏜살같이 내달리는 고속 열차를
행여 놓칠세라
기를 쓰고 따라가는 그림자 틈새에 앉아
잠시 쉬었다 날아가는 잠자리 날개에는
가을의 향취가 나풀거리고
한가로이 풀을 뜯는 황소의 눈에 비친 태공은
하늘을 건지는지 세월을 낚는지 알 수 없지만
침목을 베고 길게 엎드린 철길이
새로운 사연을 업어 나르는 동안
태양도 하루의 장을 걷어 둘러메고
천천히 먼 산을 넘어간다.

갯벌의 오후

파도가 더위를 피해 집을 비운 갯벌,
때를 놓쳐 낭패를 당한 고깃배 옆에
갈매기 한가로이 장을 보고
진주를 캐는 아낙을 따라
강아지 꼬리 치며 호위병을 자처하네
삼복 지난 태양이
구름에 숨어 낮잠을 즐기는 동안
갯바람이 다가와 귀띔해 준다
가을이 저만치에서
채비하고 있다고.

그리움으로 외 1편

장│현│기

하늘에는
해와 달과 별이 저어 만치에 떠 있고

바다 그 큰 물결이
밀물이 되어 잔뜩 밀려와서
가슴을 먹먹하게 해놓고는

누구라 아무 말도 하지 않았는데
썰물로 잔뜩 토라져 저어 만치 아득하게 밀려나가

갯벌만
애꿎게도
쏟아져 내리꽂히는 뜨거운 불볕으로

까아맣게 까아맣게 새까맣게
가슴만 태우고 있네.

꿈

어젯밤 꿈속에
어머님이
찾아오셨다

가을은 깊어
겨울이 다가오는데

구십을 넘으시도록
가난한 살림살이
알뜰하게 깨끗하게 슬기롭게 힘겹게 사시다

홀홀히 외롭게 외롭게 떠나가신
어머니, 어머니, 우리 어머니

이십여 년도 더 넘게 먼저 가신 아버님 곁
어머니 친정 마을 어귀 청룡산자락
장승배기가 보이는 불은리에 묻히신

어머니 어머니 우리 어머니 아버지
차가운 겨울은 다가오는데

지난밤에는 바람이 불어 바람이 불어
창문이 많이 흔들리던데

불편들이나 하시지 않으셨는지

내 몸 늙고 병들어 문밖출입도 하기 어려워
성묘 다녀온 지도 오래되었는데

어머니, 어머니, 아버지
머지않은 날에
찾아뵈오러 가오리이다.

이기리라 고통에서 외 1편

전 | 병 | 철

그냥 귀찮으니 던져 버린다
아무런 이득도 생명의 연장에도
가림막만 되지 안타까움이다
아쉬움이 남더라도 강하게 눈 감는다

떨리는 눈꺼풀이 오선지가 된다
계단을 오르내리며 무슨 곡을 쓰나
발표 전에는 나서지를 못하니
에이는 아픔이라도 여운으로 남겨둔다

깃발 꽂고 승리를 자축하는
흠뻑 젖은 눈가엔 미소가 차오르고
이른 아침 풀잎의 이슬마냥 굴러도
이제 추락하는 결례는 없으리라

함께 하자 손가락 걸며 다가선 마음
여기서 지치면 무엇으로 감당할까
땅바닥을 내디디며 모이 줍는 참새는
제 삶 위협당하면서도 솔직함을 내려놓는데

오늘 이 자리에 강한 햇살이 고마울 뿐이다.

담쟁이덩굴

은행나무 소나무 바위며 축대 기둥
온몸 내던지고 매달려 있는 생명체
길게 팔 뻗쳐 걸리든 도망가든
한번 물면 다 내 것이라

뱀은 둥글게 똬리를 틀지만
넌 길게 똬리 트는구나
줄다리기 밧줄보다 더 질긴
가느다란 팔뚝에서 넌 손아귀는 강하다

서현이* 돌 전부터 손가락 쥐는 힘이
강하게 느껴지던데 꼭 손녀 팔처럼
가느다랗고 예쁜 네가 부럽다
안아 주렴 볼에 입 맞춰 주렴 복스럽구나

하늘 다 가리고 이제 어지러운 생각도
다 가리거라 비록 어둠의 터널에서
허우적거릴지라도 할 만큼 했으니
아쉬워는 마라 움직임을 잃은 존재지만

넌 남이 보지 않는 체험으로 성장하고 있으니.

※서현: 손녀

잡초의 노래 외 1편

전 석 홍

어디 틈만 생겨 보아라
도심 시멘트 바닥이라도
낙하산 탄 씨앗들 산들바람에 산들산들
질긴 생명의 싹눈을 틔우리니

족보 있는 풀의 귀족들
흙살 좋은 뜨락에서 알뜰살뜰 가꾸어지지만
내몰리기만 하는 설 곳 없는 우리 민초들
그러니 생명력이라도 질길 수밖에

억센 손아귀에 목울대를 잡혀
뽑히지 않으려 땅심 붙잡아 버팅기고
빈틈 보이는 곳 어디든 목숨줄의 닻을 내린다

비바람 벗 삼아 보잘것없어도
그러나 당당하게 생명꽃을 피우느니
세상이여, 우리에게 뿌리 내릴 땅을 다오
내 이름도 하늘처럼 우러러 부를 수 있는.

굽이치는 난지도 강물을 보아라

난지도 노을을 바라본다 올림픽대로를 달리며
짠한 느낌이 가슴을 찡하게 울려온다
바람벽 하나 없는 노지에 마구 쓰고 버려진 것들
서로가 서로의 몸을 부둥켜안고
남은 온기로 뜨겁게, 뜨겁게 모닥불을 지피며
모진 겨울 추위를 이겨냈구나
비옥 흙살로 한데 녹아들면서
억새 하늘 너울너울 날개 쳐 날아오르고
진초록 옷소매를 흔드는 나무들
하늘하늘 흔들어 대며 환호성을 보낸다
쓸모없이 내버려진 우리의 지난날들
다시 힘 모아 일어섰다고
이만치 눈부시게 자랐노라고
한강수 역사의 긴 강물에
그림자를 짙게 드리우며 흘러가고 있다
누가 쓰레기통에선 장미꽃이 필 수 없다 했는가
저리 풍성하게 역사의 꽃향기를 피우며
굽이쳐 흘러가는 저 난지도 강물을 보아라.

화왕산 골 외 1편

전 성 경

화왕산 소나무
푸른 숲들 푸르다 못해
검게 물들어 짙어만 가네

새싹으로 움트던
열매들 뜨거운 뙤약볕에
대추 열매 모과 열매 서로 다투어

너도 나도 질세라
한 밤 두 밤 자고 나면
몽실몽실 탐스럽게 자라나네

덧없이 빠른 세월
들국화 피고 지고
한세월 살아온 뒤안길이 원망뿐인데

솔숲에 걸린 저 달
이 한밤 다 새고 지고 희미한데
애달프다 가는 세월 황혼 앞에 덧없네.

황혼

덧없는 인생길
황혼을 딛고 서서
생각이 가슴 깊이 파고드는 이 밤

들국화 피고 지고
귀뚜리 울음 처량한데
한 세월 살아온 뒤안길 원망뿐이다

가만히 돌아보니
먹구름 비켜가고 주름주름 소나기
찬 이슬 바람마저도 젖어 우는 이 밤

저녁노을 아스라이
여울지고 달빛도 차가운 이 한밤
별빛이 나를 따라 그리움에 반짝이네.

한강을 지나며 외 1편

전│현│하│

풀빛 숨소리가 감겨 오는 강안에는
안개 숲속을 헤쳐 조각배가 노을 젓고
폭풍의 상처를 씻는
물줄기만 핏빛 황토

칠읍산 굽이를 돌아 일렁이는 먹구름이
일순 팔당에 내려 물보라를 일으킨다
역사의 수레바퀴를
삐걱삐걱 돌리고 있다

푸른 잎새들이 초록 물결 일으키던
노을진 야영장엔 고달픔이 누워 있고
물살은 혼을 부르며
어둠 속에 젖는다

백의 가슴팍 한을 묻은 떠난 이들
그래도 하늘은 가을이면 높고 푸러
뜨겁게
봉홧불 밝혀
강물처럼 흐르리라.

가을비 단상斷想

하늘도 내려앉아
슬픔을 토해내고
먼저 떠난 얼굴들이
빗속에 어룽인다
내 가슴 언저리에도
상흔으로 남는 가을

사랑했던 자리엔
바람만 불고 있다
피다 만 꽃봉우리
비명 한번 못 지르고
헛짚은 세월 속에서
작별 인사 하고 있다

떠나가는 것을 위한
소리 없는 흐느낌
마른 풀잎 위에
은구슬을 꿰고 있다
계절의 섭리 앞에서
젖어지는 누리여.

남들이 보지 못하는 눈으로 외 1편

정 순 영

남들이 보지 못하는 눈으로
당신의
얼음 같은 오만과
화려한 교만을 헤집고
따스하고 포근한 당신의 가슴을 봅니다

남들이 보지 못하는
눈으로
하늘을 찌르는 주장의 독버섯이 무성한
억센 아집의 숲을 헤치고
학鶴의 심연深淵이 여울지는
당신의 잔잔한 온유溫柔의 호수를 봅니다

남들이 보지 못하는 눈으로
예리한 두려움으로 방황하는 눈빛 속에
감사하는
영생의 나라를 갈망하는
당신의 간절한 기도를 듣습니다.

구속救贖※

나에게 큰 힘은 지금 내가 살아 있다는 거다
내가 살아서 너를 보고 있다는 거다
좋아하고
미워하고
기뻐하고
슬퍼하고
죽음에서 눈부신 빛을 만나 감사하는
너를 보고 있다는 거다
겨드랑이 가렵더니
내가 살아서 너와 함께 떠날 날개옷을 입고 있다는 거다.

※구속: 죄의 종이 된 인간을 예수 그리스도께서 그의 보혈로 값을 지불하고 죄에서 해방시킨 구원 행위

농부의 반가운 마음 외 1편

정 영 의

번쩍 번쩍 사아
두두두~ 다다다
반가운 소나기
구름 타고 내리니
발걸음이 활기 차네

단비 내리고 간 후
시원한 바람 불고
목 타게 기다린 단비
반가움이 젖어 오네
졸졸졸… 살살살

메마른 산야 들녘
농부 분주한 손놀림
농기구로 트고 막고
비닐 치고 작물 심고
반가운 단비 내려
농심에 기쁨 주네.

정녕 어이할 거나

시기 질투 미움 다 비운다 하고
다시 마음속에 채우니
정녕 어이할 거나

욕심 소망 번뇌 다
비운다 하고
못내 아쉬워 채우니
정녕 어이할 거나

이 마음 재 너머
바람에게 맡겨
훨~ 훨 멀리 띄워 보내니
쇠바람 타고 다시 돌아오네
정녕 어이할 거나

저 넓고 높은 곳에 계시는
주님께 맡기여
시기 질투 미움 다 사라지고
믿음 소망 사랑 다 넘치네
정녕 이 기쁨 어이할 거나

이 마음에 십자가 와닿으니
영광 기쁨 축복이 솟네
정녕 어이할 거나.

황금빛 귤 하나 외 1편

정│종│규

오오래 전
세한 밑이었을 게다
길에 떨어진 작은 귤 하나로
하 많은 갈등을 억누른 적도 없었을 게다
객지를 전전하며
결핵과 피부병으로 몸조차 가누기 힘들었던 시절
주린 배를 움켜쥐고 배회하며
초근목피라도 씹어 넘기고 싶어 우울했던 날에
잔별처럼 까불대며 손 내밀던 귤 하나에
가슴 밑절미께 치밀던 그리움까지 삼키고 싶었던….

그 황금빛 귤 하나가
지금도 내 안에 수채화처럼 그려져 있거늘.

봄, 노을을 삼키다

꽃이 피었네
봄이라 하네
삼동을 지나온 뼈는 서늘한 향이 배어
아직 한겨울이라네
노욕을 거둔 농부가 보화 같은 해갈에
마음 고름을 여네
마른 두엄 같은 해오라기 한낮 둠벙낚시에 빠져 있네

붉새를 삼킨 복사꽃
동구에서 피고 지네.

꿈·29 외 1편

정│진│덕│

지난밤
꿈을 떠올리며
생각의
늪에 잠긴다

인간이 백세를 산다 한들 어찌 이 세상 오묘한 이치를 이루 다 알 수 있으리오.

고독

하늘 찌를 듯 치솟은 빌딩을 허락도 없이
숙주宿主로 살아가는 너는 풍요로움 속에 깃든
외로움이다
불야성을 이룬 서울거리
홍수 같은 거대한 물살을 타고 출렁출렁 바쁘게
흘러가는 군상群像들
휘황찬란한 그 틈새 끼어 쏠려 다니는 사람 모두가
삶이 황홀하고 행복하기만 할까
풍요 속에도 상대적 빈곤이 도사리고
─군중 속의 고독, 이란 말처럼
현대인의 정신적 공허를 무엇으로 메울 수 있을까
살아간다는 것은 개개인마다 추구하는 것이나
목적이 다른
자기만의 성城을 쌓는 것
이 밤 모두 뿔뿔이 흩어져 각자의 처소 향해
빨라지는 발걸음이다
세상에 온 것 혼자였고 마지막 떠날 때도 혼자서
가는 길
고독한 것이 인생이지만

누구나 하늘로부터 온 선물, 뼛속 깊이 흐르는
말 있다
우리, 함께.

홍시 외 1편

정│진│희

이 겨울 견디려나 어찌 저리 텅 비어
앙상한 마디마디 영원을 꿈꾸다가
아뿔싸, 아슬아슬 남겨진 풍장의 붉은 흔적

내 스물 빛났듯이 네 첫 잎 그랬으리
한 겹씩 벗어던진 젊은 날 떫은 치기
그 한날 서럽게 살아 얻어낸 선홍빛깔

육신을 버리고서 몸 가벼이 날으리
삶과 죽음 그 어디쯤 막막했던 사람아
가난한 영혼의 한 점 살로 첫봄에 눈뜨리라.

홍어

적막을 드러내고
채운 술 한 잔에

막다른 골목 같은
너의 눈빛

삶의 어디쯤에서
갈렸을까
비 오는 오늘

썩지 않고
삭아가는 그리움에
몸서리친다

그리움의 맛을
이제야
알 것도 같다.

육체에 이는 바람 외 1편

정 창 운

사람이 선한 일을 하고 나면은
혈맥이 원활하게 돌고
인간을 웃을 수 있게 만들고
육신이 한층 가벼워지고
부드러움을 느끼며
매사 일처리가 순조로워진다

고의적이든
타의적이든
좋지 않는 일을 하고 나면은
마음도 어쩐지 찌푸둥하고
전신에 붉은 반점이 이는 듯
격렬한 홍역을 치르며 전신을 붉게 물들이고
육체가 가이없이 흔들린다

살아 있는 사람들이여
육신에 이는 홍역을 피해
작은 우리들 모두의 일에도 돕고
육체에 이는 피와 바람이
한마음이 되어
이 세상 으뜸 가는 좋은 꽃을 피워
육체가 두둥실 춤을 추는

밝고 명랑한 사회 만들어야 하리.

우린 대한민국 ROTC 월남 참전 동지였다

국가도 어머니 아버지도
어렵고 힘들었던 시절
그래도 눈부신 태양이 조국의 아침을 밝히던 그날
1960년도 초에 대한민국 ROTC 육군소위로 임관한 후
1960년대 중반 낯선 땅 월남 전선에 파병되어
자유민주주의 국가 월남의 평화를 위하여
한마음 한뜻으로 굳게 뭉친 ROTC 참전 동지들은
조국 대한민국의 명예를 양어깨에 걸고 분투하였노라

단군 조선 이래 역사상 처음 월남전에 파병된
문무를 겸비한 대한민국 최고 지성 ROTC 동지들이
자유 월남 전선을 사수하기 위해
불같이 강한 정열 열정 젊음으로
월남 전선의 최선봉에서 목숨을 걸었다

그날 이후 세월은 흘러
낯선 이국땅 월남에서 생사고락을 같이한 전우들은
대한민국의 리더클럽으로 산업화의 역군이 되어
조국 발전에 대한 공헌을 하면서 오늘에 이르고 있다

지금 동작동 국립묘지에는 월남전 참전
전사한 수천 명이 영원히 잠들어 있다
삼가 고인이 된 ROTC 동지들의 영원한 명복을 빈다

아, 잊지 못할
우리 대한민국 영원한 ROTC 월남 참전 동지들이여
피와 땀으로 이룬 우리들의 거룩한 인연 잊지 말고
살아 있는 그날까지 조국 대한민국을 위해 최선을 다합시다.

내 마음은 맑은 호수 외 1편

정｜홍｜성

내 마음은 맑은 호수
밤이면 밤마다 달이 뜨고
밤이면 밤마다 별이 뜨네

달님의 이야기는 고요하고
별님의 이야기는 초롱초롱
우주의 이야기는 넓고 넓다

내 마음은 조용한 호수
바람만 불어와도 흔들리고
사슴만 지나가도 그림자 짓네

고요한 아침빛에 마음을 씻고
백조가 날아와 노니는 호수

파랑새 물총새 나무에 앉아
그림자 파랗게 물드는 호수

하늘빛 파랗게 물 위에 뜨고
흰 구름 두둥실 한가롭네.

인생의 가나다라 · 2

가 가을바람 불고 나면 겨울바람 불고
나 나이 들면 쓸쓸하고 외로운 날 많아
다 다정한 벗 절로 생각이 나네
라 라인마다 돌아가는 인생의 수레바퀴
마 마음이 통하는 너와 난 다정한 친구
바 바쁜 일 다하고 서로 얼굴 맞대면
사 사랑이 따로 있나 우정도 사랑이지
아 아름다운 산 찾아 물 찾아 여행도 하며
자 자고 나면 새록새록 그리워지는 친구
차 차 한 잔에도 구수한 정이 넘치고
카 카나리아는 네가 하고 나는 종달새
타 타향살이 지친 몸을 위로도 하며
파 파릇파릇 새싹 돋는 봄동산에서
하 하늘 끝 구름밭에 뜨는 무지개

하늘 가슴 외 1편

조 기 현

어머니 품속에서
자장가를 들으며
복사꽃 블루스가 되고
병아리가 되던 행복의 날개
하늘 가슴에 시성詩聖의
별빛이 되던 날 삼차원三次元에
반짝이는 명화가 된다.

여기는 테마거리

테마거리
노랑 긴머리 여울이 되고
한쪽 어깨 벗겨지는 여름
짧은 바지가 원형이 되는 거리

관능적 나상의 인형이
짝짓는 무한리필 무지개 불빛 속에
술과 삼겹살이 익어 가는 거리
황혼을 안고
산울림 관악산을 찾는다.

내가 보이네 외 1편

조 덕 혜

언제 누가 뭐라 한들
침묵으로 평온한 저 서해
잔잔한 놀 위로
끝없이 파란 하늘 조명이 눈부시고

저만치 소나무며 밤나무며
어우러진 사이사이
이름 모를 잡초까지
노래하며 춤추는 산새들의 무대 되니
허가 없이 쓸 수 있는 자유무대 아닌가?

이 몸
새는 아니어도
내 마음 송두리째 날개 돋친 듯
방금 전 하던 일 까맣게 잊고

창공에서 창공으로
훨훨 날며 춤을 추는,
어느새 내가 둘이 되었나
너울너울 안무하는 여인, 나
내가 보이네. 저 새들처럼.

기다림

지금은
누군가를 기다리면
성큼 다가올 듯한
점 하나의 마음
창가에 선 설렘이 봄 햇살이다

나뭇잎 무성히 흔드는
소리로, 바람처럼 어둠의 밀림 속
길을 뚫어 달려오면
막 터질 것 같은 꽃봉오리 한 아름,
흑장미 향으로
내 너를 기꺼이 맞으리라

쏟아지는 별빛 영롱한
밤, 오늘이라면
아마도 여태껏 말로는 못했던
사랑 노래 몇 소절쯤은
수줍은 떨림으로 들려줄 것 같다.

나는 뱁새다 외 1편

조성학

새장의 문이 열린지
오래
그간
길들여진 새는
그만
밖의 창공蒼空이 두렵다

문이 열리고
잠시 나는가 싶더니
또, 돌아와
좁은 새장 안에 날개를 접고
뱅뱅 돌고 도는 새

더 넓은 새장이
문밖에 있다고들 해도
때묻은 새장을
뱅뱅 돌고 도는
맞아!
난, 뱁새다

밖을 나가면
창공이 기다린데도
좁은 새장을

돌고 도는
맞아, 나는 뱁새다.

어머니, 어찌합니까?

어머니,
어머니와 난
거기까지였나요?

한없이 한 길인가 싶더니
거기,
나뉘어진 길에선
홀로 떠나시는
그 길
막내는 그저, 침묵할 뿐
어찌합니까? 어머니

어머니의 이름은
제겐 밥
아침은,
저녁은 먹었느냐?
이제 그 목소리
어디서 듣습니까?

어머니, 어찌합니까?
엄마의 이름을 부르며
이 밤, 막내는 힘을 냅니다
밥 밥,
저는 오늘도 찰밥을 먹습니다.

목댕기 외 1편

조 재 화

1.
넥타이
아버지의 성장한 모습

어느 날
첫사랑의 그가
넥타이를 들고 어색한 모습으로
내 앞에 섰다

옷고름을 매는 심정으로
들기는 했는데
손끝에 전기가 온다

돌려도 돌려도 서투르고
둘이서 흘리는 땀방울
처음 매는 넥타이는
그렇게 성장했다

2.
넥타이
방향 모를 정열이
멈추는 곳
어른으로 조금씩

손때가 묻어 가는 연륜

첫 키스의 아릿함으로
기억되는
성년의 시작

아버지의 모습으로
그가 서서
댕기의 신비가 익숙하다

아들 녀석
늦잠꾸러기
개굿하던 망나니가
넥타이를 매는 날
숫기 잃은
장닭 자세로 엉거주춤.

3.
어린 날
끔찍이 말 안 듣고
부잡스럽던 아들과 손자가

넥타이를 들고선
무던히 신중한
삶의 고를 매고 있다

첫새벽부터

거울 앞에 서서
매여진 넥타이를
벗었다 둘렀다
생의 짐을 둘러메고 있다

비탈을 오르듯
삼대의 넥타이가
흰머리의 나를
청춘으로 돌린다.

아버지

불혹의 나이 이르기까지
한 상에 앉기를 어려워한
아버지

아침이면 벼락 같은 불호령에
단꿈마저 잊고
벌떡벌떡 일어나던 어린 시절

딸이라는 미명으로
쫓겨 들어간 부엌
재티 날고 내는 연기에 숨 막히고
눈물 쏟아 사춘기를 타고 넘던
꿈 많은 전규가
부뚜막을 닦으며 닦으며 세월 가고
손끝 여무신 솜씨
멍석 둥구미며 이엉 엮는 삶에
때로는 가슴 녹이시던 풀피리까지

아버지에 대한 야속함
모두 녹이고 마음에 슬며시
그리움이 아련히 피어오르네

아버지의 불호령은 메아리로 사라지고
손끝에 빚어진 둥구미만 오롯하네.

치매 외 1편

조 정 일

달팽이관 속을
타고 흐르는 그리움

바람 소리 스쳐 가듯
안개 속을 더듬어 간다

잃을까 봐 쥐어 보는 추억 한 가닥은
손가락 빈 사이로 새어 나가고

스며드는 그림자는
또 다른 세상을 여행한다.

그리움

내 머릿속에
이상한 것이 있습니다

생각할 때마다
조금씩 조여 옵니다

깊이 하면 할수록
더욱 조여와
지근지근 아파옵니다

깨질 것 같은 고통에
잠시
접기로 했습니다

그러자
안으로 파고들어 와
드륵드륵 소리를 냅니다

빈 속에 울림 소리가
귀를 멍하게 합니다

이미 내 머리는
콘크리트입니다

나는 살았으되
죽었습니다.

소중한 추억 외 1편

조혜식

이 책 저 책 읽다가
자정이 가까워질수록
눈은 부어 침침하고
피로가 엄습해 와
잠 못 이루는 이 밤은
언제고 내 몫이다

육십 고개 넘은 지 오래 되어
싫은 나이테만 깊어지니
자존심도 스러져 증발되어
사람 많은 자리에 가면
초조해지고 위축되어
당당함이 사라진다

매력 없는 늙음 앞에
모든 것은 약하고 허망해도
지녔던 아름다움은
무엇보다 소중하기에
추억은 추억으로 쌓여지며
제 몫을 다한다.

도시의 밤

독한 검은 매연이
찌들은 도시 하늘 아래
핏기 없는 얼굴들
종종걸음으로 퇴근하네

요란한 소음 소리 귀먹기 일보 직전
찬란한 거리의 공간과 간판
휘청거리는 달빛마저
하수구로 몸져눕네

하나의 정직한 얼굴로
살기 힘든 도시 생활하는 이들
그렇다고 두 개의 가면을
가질 수는 더욱 없는 일이네

불빛 반짝이는 야경
한 집 건너 술집과 다방
도시의 밤은 어둠의 바다처럼
끝없이 흘러 깊어만 가네.

미로迷路에서 외 1편

지종찬

미래를 보고 살라
두 눈 앞에 달렸다지만
그래도 막막하면
뒤돌아 살피시길,

서녘에 떨어진 해는
등 뒤에서 떠오른다

어둠에 갇히거든
굳이 걸음 떼지 말고
다소곳 자리에 앉아
처음부터 되짚어 보길,

때로는 질러간 길이
돌아감만 못하느니.

비빔밥

여보게들,
한바탕
춤판이나 벌여 보세
사는 게 별거던가
비비고 볶는 거지
생김새 각기 달라도 한 울타리 안에서

제 목소리 못 낸다고 서운해 마시게나
서로서로 부대끼며 모듬살이 하다 보면
어느새 저절로 섞여 절로 한뜻 되리니

지금,
당장이야
설찬다 하더라도
곰곰이 돌아보게
뒤설레 떨 일인가
어울려 하나 되는 곳, 게가 극락 아닌가.

가을 외 1편

진진욱

억 광년이 즐비하고 있는 가을
코스모스들이 피워 올린
이 향기로운 신선한 바람 타고
내 마음 내키는 대로 날으면
그리운 님 만날 수 있으련만
요소요소 부적 같은 구름이 놓여
어찌하면 좋으랴
수많은 하늘 길
보기보다 어려운 하늘 길
도중에 바늘구멍 같은 길쯤이야
무수히 있으련만
가야지
언젠가는 가야지!
많은 세월이 뚫리면 그녀도 나를
찾아, 맨발로 하늘 길을 헤집겠지
수많은 나그네들
묻고 또 묻는다면
그녀도 나처럼 묻고 또 묻는다면
그중 누구 하나 가르쳐 주리라.

가을비

하염없는 늦가을 비 멈추지 않아
혼자서 걷기엔 너무 적적해!
이럴 때 그 사람 있어 준다면
양심 없는 이 마음
그 사람 나를 저주한다 해도
저주받지 않고는 못 넘길 나!
가을비에 떨어져 마른 몸으로
가시나무에 걸린다 해도
햇볕 나면 바스락 부서져
지난 죗값 치르지 않고는 못 버틸
나는 죄 많은 가랑잎
내 몸에 가랑비 적셔 주는 걸 보면
그 사람도 나를 잊지 않았나 보다
이 비가 멈추면 젖은 몸으로
나는 또 예전같이 찾아나서 보리라.

아리랑 · 1 외 1편

차경섭

1.
모질고 모진 가난 씻은 듯한 풍요 세상
우리 멋 우리 가락 방방곡곡 울리나니
보부상 없는 장터에 장돌뱅이 간 곳 없고

2.
까지고 까진 세상 뉘를 원망하리오만
지금은 시류 따라 탕남탕녀 시대 같고
역사의 한 페이지가 치마폭에 춤추어라

3.
지금도 배고픈 땅 옛 고향은 시름겹고
수전노 졸부들이 제왕으로 군림하니
참으로 기막힌 세상 전가보도 황금이여

4.
여지껏 흥청망청 과소비도 가진 자요
한생의 반려자도 황금으로 저울 뜨니
오로지 황금에 쏠린 부화뇌동 저주롭고

5.
무명 옷 사라지고 안개 옷을 펄럭이니
설자리 잃어 가는 예의범절 미풍양속
시대가 시대인지라 대찬 모습 여인 시대여

아리랑 · 2

1.
간결한 정론직필 지조 높아 휘지 않고
기상은 대쪽이요 검고 흰 것 가렸건만
그 옛날 선각자 기개 언제 다시 꽃피우랴

2.
종달새 같은 여인 사랑이야 뜨겁건만
생이별 사별하는 인생사를 바라볼 제
죄의식 없는 천의 얼굴 넉살 좋아 뻔뻔하고

3.
방정치 못한 행실 세련됐다 하더라만
바람탄 실버들은 나긋나긋 자태 곱고
유채꽃 핀 제주도는 신랑각시 성지 같더라

4.
노을이 곱다 해도 으악새는 슬피 울고
설한풍 현이런듯 떨고 있는 나목이여
저승길 피할 수 없는 인생 사별 숙명 같고

5.
하늘에 일고 지는 먹구름은 요사롭고
인생은 삭풍 따라 낙엽 지듯 사라지니
상투꾼 허노허노한 저승노래 애닯더라

나폴레옹 사원 외 1편

채｜규｜판

누가 일러 왔던가
누가 경건해하라 하는가

바람은 제 홀로 저문 뜰을 쓸고
이미 밀려 버린 세월의 뒤란에
우리는 서성이고 있다

광장을 회전하는 분수는
철을 잃고
솟구쳐 오르고
비둘기 떼 공중을 회전하지만
절망 앞에
비원을 세워 놓고
누가 숙연해하는가

세월이사
청사를 딛고 지나는데

풍장이 울리는 이 광장에
노을이 지는
저문 뜨락인데
우리는 여기 서 있다.

보헤미안

한 줄기의 물살이
보헤미안의 하늘을 가른다
노도처럼 세차게 가른다

삶을 쏟아 부은 자리가 없어
강이랑을 어슬렁거리다
길을 잃고
낯선 거리에 들어서며
영겁의 세월을 핥는다

밤이면 음산한 기운이
사무치게 처연한 까닭에
사람이 사람을 그리워서
숙명의 다리를 건넌다

단 하나의 삶이 무엇인가
기원의 축대를 쌓는
간절한 소망은 무엇인가
강이랑을 따라 나서면 물살이 흐른다
무정한 강물은 세차게 흐른다.

한 해를 보내며 외 1편

채 동 규

12월을 맞이하니
한 장 남은 달력은
세월이 역사 속으로
사라짐을 증거한다

가 버리면 현실로
되돌아오지 않는
앞으로만 가는
우리 시간의 속성

삶의 마음속에
지난날의 시간 속에
발자취 남기려 함은
부질없는 욕심인가 봐

다만 마음 쓰임은
흘러갔던 세월에
지나가 버린 시간에
낭비나 아니 하였기를.

가고 오누나

재민이 어머니 돌아가셨다
영안실로 문상을 갔다
두렵고 외롭던 자갈밭 길
비 오면 비 맞고
눈 오면 눈 맞고
바람 불면 바람 맞고
자연에 순응하며 사신 길

벌처럼 꿀을 모아
이웃에게 나누셨던
나눔의 사랑
소망은 포도송이처럼 영글어
하느님 손 꼭 잡으셨다
주무시는 듯 편안하시네
손잡고 무지개다리 건너셨네

돌아오는 길옆에 산부인과 병원
알몸으로 갓 태어난
아기의 불안해하는 울음소리
어머니 젖 빨며
젖무덤에 머리 기대어 잠든다
평화
놓칠 수 없어 여린 손 꼭 쥔다.

고층 건물 외 1편

채 명 호

누구의 허락으로
저리도 당당한가

해를 조금
하늘 한쪽
조금씩 빼앗긴다

보름달
저리 고운 달
뺏길 것만 같구나.

우정

아뿔사 깨진같이
우정에 금이 간다

깨진 병
돈이 좋아
감쪽같다 한다만은

소리가
틀린 것처럼
우정은 청자더라.

간이역 외 1편

채 수 황

경부선 철길 옆에는
고향의 간이역이
할머니 주머니처럼
붙어 있다

낯익은 사람 오가는
끈끈한 역이건만
모두가 무심하게 지나간다

이곳에는 조상들의 숨결이
담겨 있고

애환도 서려 있는데
급행열차는 스쳐만 가는구나

코스모스 글썽거리는
간이역아
손수건을 적시더라도
고향을 지켜다오.

황혼의 바다

황혼의 노을 속에
갈매기 몇 마리가
어두움을 펴고 지나간다

수평선 너머로
태양이 숨어 가고
붉은 장막 내리며
바다는 부산하기만 하다

노을은 바다를 물들이고
내 마음도 물들이어
황홀함이 넘치는데

바닷속에서는
수많은 어족들이
잠자리를 마련하기 위하여
분주하겠지.

지브리스 포인트 외 1편

채｜행｜무

데스벨리 국립공원 동쪽
아마렌지 산맥 속

아득한 세월 속에 다시 떠올린 호수에 침전물
석양빛 노을 속에 떠오르네

아름다운 S형 굴곡들
높은 언덕 뒤에서 동산을 이루고

환상의 굴곡
고결함 순결함, 청잣빛 노을 속에 타고 있네

옥구슬 굴러 내리듯
살살 술술 미끄러 내리는 동산 굴곡

환상의 날개 펴고
이 아름다운 동산 굴곡을 나도 함께 굴러 내려갑니다
아마렌지 산맥 속에서.

새로운 세상

아름다운 낙원 전경 그려 봅니다
옛 세상 가고 새 세상이 오면

눈물 고통 사망마저 씻겨 내리고
모든 만물이 새롭게 될 때

눈먼 자 다시 보며 저는 자 사슴처럼 뛰며
산꼭대기에도 화곡이 풍성하며

서로 치는 전쟁은 간데없고
사랑으로 서로서로 연합하여 상쾌한 메아리 속

풍년이 영원이며 사망마저 간데없는
평화 행복 가득한 곳

신세계 아름다운 낙원이
이 땅을 덮는 세월 그 세월이 가까웠네

우리 모두 눈을 뜨고 입을 열어
왕국의 기쁜 소식 모두에게 전하세
기쁜 소식 듣고 영생복락 누리소서.

새벽길

최 광 호

방향을 걷잡을 수 없는 시대
새벽을 기다리며
안개 속으로 외롭게 걸어가는
그대,
무거운 발걸음 소리
밤이 깊을수록
그 눈빛,
우리들 가슴에 화산이 되어
그 함성,
강물 되어 흘러가리라
그 분노는,
등불 되어
세찬 바람에 흔들려도
온누리를 밝히며
화석으로 꽃이 되어
박꽃처럼 피리라

칠흑같이 어두운 밤하늘에
별이 밝게 빛나듯이
망부석 되어 북쪽 하늘을 바라보고
우리에게 언제나 기다리는
그 마음,
그 누구도 막을 수 없으리라.

춘일우음 春日偶吟 외 1편

최기섭

창문 열리니 훈풍 함께 하자는가
너의 가분한 몸이야 훌훌하지만
내 압기壓氣는 어이해 네게 머무나
한생을 약롱藥籠에 나를 가두네

풍정風情이 좋아 바람에 놀아 보고
산이 좋아 산경山景을 노래했네
한수漢水에 배 띄워 음락飮樂도 즐겼거늘
유독唯獨이 임 그린 그 마음 가눌 길 없다네

휘지은 의생醫生 의길 천식淺識으로 얼룩졌네
그 청기靑氣 어데 두고 백수白叟가 되었는가
팔순八旬을 기린다고 애들은 노래지만
아직은 아니려고 청운봉靑雲峯* 오르려네.

※청운봉: 경기도 이천 설봉산에 있는 작은 봉우리

아내 일기 日記

그녀가 점심상을 물리다 말고
불쑥 한마디 건넨다

애기 낳고 살 때가 좋았는디

밑도 끝도 없이 흘린 아내의 말에
무슨 화냥기인가 싶다가 생각이 금세 바뀌네
그렇구나
들녘에 봄꽃 피어 가슴 부풀던 시절을
그녀는 기억하고 있었네
철없이 덤벙대고 고주로 헤펐던 사내
언제나 하늘이었던
그 시절은 새벽이 빛났다고

아내의 한탄이 진양조로 흐른다

희년稀年의 아내는 언제나 새벽이다
별을 헤어 하늘에 심는.

비가 내리네 외 1편

최길숙

한 줄
두 줄
세 줄

전하고픈
말
써 내려가네

주르르
주르룩
눈물 되어

하고픈
말
그칠 줄 모르네

주르르
주르룩
주르르룩.

첫눈

잠시만요
밖에 무슨 소리 들려요
반가운 소식이 왔나 봐요

기다리고 기다리던
그대가 왔나 봐요

사뿐사뿐 걸어 걸어
그대가 왔나 봐요

하얀 그리움 품에 안은 채
그대가 그대가 왔나 봐요

어서 와요 그대
그런데 잠깐만요

화장하는 동안
잠시만 기다려 줘요

설레이네요
아주 많이 기다렸어요.

청옥산 아라리연가 외 1편

최 | 석 | 명

두만이 둥둥재 새조밭
고랑고랑 생명줄 심어 놓고
허리춤 추스릴 때 눈물가락 보였다지

한치 뒷산 곤드레 딱죽이
주섬주섬 망태 가득
하늘 한번 쳐다볼 때 땀방울 맺혔다지

강냉이밥 피죽 아침
용수골 냉수로 배 채우고
뫼 오를 때 두견이도 울었다지

땅바다 육백마지기
뙤약볕 화전갈이 호미 자루 던져 놓고
어무이 아부지 목놓아 불렀다지

성마령 고개든가 얼레지꽃길이었나
꽃분이 보고 싶어
웃다 울다 울다 웃다 하였다지

시간은 꿈만 같고
봄날은 꿈만 같아
사랑도 꿈만 같다지

꿈들이 모여 바람이 되었다지
바람이 아라리가 되었다지
청옥산은 아라리가 되었다지.

아버지의 말씀

이놈아
앞을 잘 보고 걸어라
길을 잃으면 뒤를 보거라
이놈아
네가 온 길에
갈 길이 적혀 있어.

노송 외 1편

최 승 범

외딴 길가의
노송을 대하면

팔 벌려 한껏
안고 싶어라

나이테 헤아려
얼마나 되며

곧은 뿌리
얼마이리.

까치 소리

먼동 트기 전
밝아 오는 아침을

발목 감고 도는
까치 소리 들으며

가벼운
발걸음 놓는다

이 팍팍한
세상살이.

우리여! 외 1편

최 | 영 | 순

우리,
전생의 어떤 바람으로 와서
이렇듯 질척이는 생의 길 위에 얹혀
때로는 춥고 허기진 벼랑 끝
남몰래 눈시울 적시던 엷은 햇살에
상한 영혼 돌려가며 말리기도 하지만,

잘잘한 햇살, 세상과 정을 나누고
희열에 찬 생명의 분화구로
기원처럼 핏줄을 이어 영원을 남긴다

삶이란 늘 태풍 전야 정적 같은 것
말없이 적요로 허탈이 눕기도 하지만
분연히 박차고 일어나
일하고 사랑하고, 사랑하고 일하면서

여태 받았던 보은의 햇살 한줌씩
어두운 세상에 던져주고 나면
인연은 물살 되고 바람이 되어
무상의 산마루 넘는
해달과 언제나 손잡고 있다

오늘도 무한 천공 외경스러운

어느 광막한 별빛 속에
허우적거리는 티끌 중에 티끌 하나

이제 무엇이 그리 애타고 그리운가

우리여!

개불알꽃

때묻지 않은 심산유곡에
천진한 강보의 아기처럼
개불알꽃 달랑이며 피네

그 이름 쌍스럽다고, 어느 님이
복주머니꽃으로 이름 짓고
채취가 금지된 토박이 야생난은
이 땅의 청정한 하늘만을 우러른다

수컷의 정자수가 뻔질나게 줄어드는
천벌을 받을 문명의 파노라마
이 시대를 아우성치는 멸종의 경고음이
강 건너 불구경으로 사그라지고
인류는 자기 묘혈을 파는
시간의 장사를 하고 있다

어쩌다 창백한 갈대로 여기 남아
찌든 공해를 털며
홀로 심산유곡에 들면

푸른 산 푸른 넋과 엉클어지다가
아랫도리를 달랑이는 발그레한 저것!

하— 복스럽고 대견해서
행여, 누가 볼세라
살며시 고개 돌려
개불알꽃 만져 봅니다.

아버지의 그림자 외 1편

최│정│순

이유 없는
그리움이
뭔지 알아질까
오래 묵힌
뒤돌아선 그림자
곰삭아져
툭! 떨어진
그리움 하나
있다

그것은 아버지.

나의 쉼터에서

세파에 허우적거리다 찾은
자연 지형 살린 친환경 별똥카페
녹슬어 흑석 같은 외벽에
사위가 컴컴하여 그냥 산속
화전민 소원하던 성황당
전통 민속 공연장
설치 작가 규화목
세월의 검은 이불 덮었네

잔별 무리 져 나무 지붕 아래 쏟아지고
반딧불이 박꽃 주위 원무하는데
아득한 산골짜기 계곡 물소리 청아하여
돌계단 따라 야트막한 공원 오르니
저 멀리 의림지엔
월신月神이 은가비 소요하고
신선이 잠자는 원시림 속
피톤치드 세로토닌 음이온
폐부 깊숙이 들이마셨다 내뱉으며
세속의 앙금 말끔히 씻어내니
내 잠자는 육신에서 날아오르는 새
요부의 춤사위처럼
현란한 오색 형광 폭포수에 춤추다
눈 먼 어리석은 이슬 되어 내 찻잔에 빠진다.

월정리역 외 1편

최 종 복

사람이 타고 내리지도 않는 기차역
휴전선 최북단 경원선 종착역
여객이 없는 역사는
무대의 세트로 서 있다

사랑하는 이를 전송하고
그리운 이를 마중 나오는
정다운 역이 아니라
시간이 끊기고 세월이 멈춰 버린
침묵의 공간일 뿐인 월정리역
오십 년간 한번도 기적 소리 못 내고
잡초만 무성한 철로
기차는 녹슨 눈물만 흐른다

끊긴 선로가 이어지고
우렁찬 기적 소리로
휴전선을 뚫고 넘어
인정과 반가움을 싣고
힘차게 남북으로 달리거라.

불심佛心

대웅전 문
활짝 열려 있고

소복단장 들어서는 여인
두 손 모아 합장한다

피어오르는 향은
불상 곁을 맴돌고

석탑에 앉은 새는
그대 마음 염원으로 열며
기원하느냐고 묻는다.

르네상스 조수미 외 1편

최｜진｜만

여백이 흐르는 시간적 공간에는
현실 세계가 아닌
어떤 가공된 도시의 네온사인뿐이다
시대가 바뀌고
세대가 바뀐 탓일까
허공 속 헛된 바람은 또 무슨 까닭인지!
동시대를 사는 사람들
금발 머리를 가진 도시는
중세 르네상스 마지막 늪인 줄 모른다

잊었던 옛 친구가 그리운
일요일 오후
조수미 티브이 콘서트나 보며
꿈이 된 두려운 늙은 손으로
그대에게 추억 어린 술잔만 건넨다
소프라노 음률 속으로 전해져 오는 빗소리
토닥, 토오닥, 탁탁
푸른 잎에 떨어지는 소나기
평온을 적시는 저 대지 끝으로
가슴 저려 오는 아베마리아
조수미가 빗속을 뚫고
독한 소주 한잔을 가져다준다.

봄날

연신 보채던 바람
봄볕 새근새근 잠자던
아가의 볼 붉은 젖내
잠시 흔들리다 꿈을 깬다

촘촘히 봄비가 내리고
바싹 엎드린 이승의 한때
술렁이는 언덕
운판 소리 들려오고
꽃잎은 또 시나브로
너덜겅 위로 떨어지는.

해바라기 외 1편

최현희

새 아침이 열리면
영롱한 이슬로 말갛게 세수하고
황홀한 일출이 시작되면
햇살 방향으로 얼굴 돌리는 키다리

비 오는 날 기다림으로 고개 숙여
따스한 햇살 그리워 눈물 흘리지만
한여름 긴 실연 속에서 영글어 가는

노란 꽃잎 둥글게 둘러싸여 나폴거리고
씨알 알알이 빼곡하게 차올라
높고 푸른 가을하늘 올려다보며
도도하게 서 있다.

가을로 가는 길목

가을로 가는 길목
풀잎에 하얀 이슬 구를 때
소리 없이 불어오는 가을바람에
가는 허리 일렁이며 키 한층 높이고

분홍빛 꿈을 안은 가녀린 코스모스!
삶의 향기 붉은 노을 타오르고
산들바람에 하늘거리는 유혹의 시선

매력 넘치는 상냥한 미소 머금고
사랑스런 너를 품은 마음 가득하고
들꽃보다 향기 짙은 그리움으로

가을을 재촉하는 알곡들의 합창 소리
한발 다가서는 목이 긴 해바라기
가로수 바람 따라 낙엽 우수수 떨어진다.

4차 산업혁명 외 1편

최│홍│규

1, 2, 3차 산업혁명은 지난 150여 년 동안
각각 증기기관·전기·인터넷 디지털로
생산의 기계화, 자동화, 다량화로 인한
경제 성장이 인류 생활을 풍요롭게 했다
기차, 전기, 자동차, 비행기, 컴퓨터는 강한 혁신
여객기가 뉴욕을 떠나 열 시간만에 런던에 도착했을 때
세상 사람들이 얼마나 놀랐는가
스마트폰을 조작하다 분수대에 빠진 늙은이
운전 중 포켓몬 고 게임하다가 벌금낸 젊은이
3차 산업혁명은 그 정점에 이르렀다

4차 산업혁명의 담론 열기가 세계적으로 뜨겁다
4차 산업혁명은 매우 복잡하고 기대치도 다르다
디지털과 물리·생물 사이의 경계를 허무는 기술융합
제조업과 ICT의 융합과 조화로 경제·사회적
부가 가치를 만들어 내는 차세대 산업혁명
프로세스·시스템 기술혁명으로 인류가 지금껏
경험한 산업혁명과 한 차원 다르다
복잡한 문제 해결력과 인지력이 많이 요구된다
신기술 플랫폼은 부를 창출한다는 낙관론이 있고
부의 불평등 문제를 심화시킨다는 신중론도 있다.

방글라데시 맹그로브 숲

비행기, 자동차, 배를 타고서 찾아간 숲
방글라데시 순다반 맹그로브 숲※
방글라데시 남서쪽과 인도에 걸쳐 있는
세계적 규모의 큰 숲 순다반 맹그로브 숲
유네스코 세계 자연 유산으로 등록된 국립공원
겨울에 짙은 녹색 숲이 그물처럼 얽혀 있다
여름에는 연한 녹색으로 변한다고 가이드가 설명
지평선 너머 끝없이 펼쳐진 숲 바다
7m 안팎의 크고 작은 나무들이 만든 숲 천장
그 울창한 숲속에서는 하늘이 보이지 않는다

벵골만의 갠지스강, 브라마푸트라강, 메그나강
세 강이 만나는 삼각주 지역 순다반
순드리, 게우, 니파야자 등 20여 종 맹그로브
벵골호랑이, 얼룩사슴, 자바코뿔소 등 40여 종 포유류
물총새, 흰배물수리 등 200여 종의 물새, 맹금, 산새들
인도비단뱀, 인도늪악어 등 50여 종의 양서 파충류
맹그로브 숲은 동식물이 더불어 사는 패러다이스
"Sundarbans" 어원語源처럼 아름다운 숲
인간이 자연의 경이감과 경건성을 느끼는 숲
세계에서 천연 그대로 보전된 희귀한 맹그로브 숲.

※The Sundarbans Mangrove Forests in Bangladesh

청산 외 1편

편 | 문

굽이굽이 휘어지고 꺾어지고
이어지는 능선 따라
육신의 찌든 때 빼어내고
턱을 넘어 버린 숨결
숨가쁘게 달려온 삶의 흔적
흥건히 젖어 버린 속옷이
소리 없는 통곡을 한다

하늘 향한 외침이 부끄러워
언덕 돌아 깊은 숲으로 장식한
은밀한 계곡으로 숨어
남모르게 초롱초롱한 소리로
청랑하게 흐르는 샘물을
허겁지겁, 마신다

신선한, 말없는 산이 걸러 준 물
몸속 가득 채우고
산을 오르며 몸속 찌든 찌꺼기를 걸러 내어
몸을 맑게 하니 천년을 살 것 같네

오늘 산이 내리는 물 마시고
또 내일도 산이 주는 물 마시고
아픈 세월,
잊어 보세나.

삶의 구석

있어도 아프고
없어도 아픈, 님

내 가슴속 터를 잡아 둥지를 튼지 오래
미워할 수도 내칠 수도 없는 하얀 그림자

잊는 것도 축복이고
내일을 알지 못하는 것도 행복이다

오늘 부질없음은 상실의 본질
단절로 찾고자 비우려는 구도의 끝자락

버리고 비우고 그리고 없으므로
내 몸속 깊이 찾아든 자유

의식이 사라진 머리로 세상을 보고
자연으로 돌아가 없는 모습이고 싶다

숨 멈추고 살아온 어제와 오늘
외미 부재의 빈 머리로 도시를 배회한다

어디에서 시작을 찾고
어디에서 끝을 찾을까

아픈 채로 상처가 난 채로
　통곡으로 드러난 하얀 뼈가 빈혈에 시달려도
　또 다른 내가 머리가 썩도록 먹어 대는 알콜로 내 진정성을 찾고자
　멀어져 가는 내 안의 모습이여

　일어나 어제 먹다 만 소주를 해치우고
　그리고 나로부터 멀어진다.

산골 노부부 외 1편

하 성 용

정든 임 멀리 보내고
외로이 남아
골바람 불던 날
아린 가슴 추스르며
떨어지는 낙엽이 되어
한숨 짓는다

눈앞에 아른거리는
정다웠던 시절
기억마저 아물거리는
그리움 되어
등 뒤로 남겨두고

눈가에 아롱아롱
이슬처럼 맺히는 한
안으로
안으로 삭이며
돌아서는 산골 할아버지.

서리꽃

서릿바람 몰아치는
이른 아침

작은 인연과
이별이 아쉬워
무서리 온몸으로
청초히 안고

늦가을 생명을 머금은
야화는
아스러지고 있다.

인내 외 1편

한 빈

지금 있는 그 자리서 꽃 피어라
사람은 굳은 의지력이 필요하다

자연의 위치를 생각하며
자연의 순리를 생각해 보라

대지 위에 아니 돌멩이 틈에 이름 모를 꽃들은
각자의 자리에서 자생한다

우리 인간은 이성이 있지 아니한가
근본적 이성을 가져보라

자신이 가져야 할 이성, 인성적 이성을
가리키며 최소한의 노력을 해보라

때론, 자연을 보며 인내하고
자신의 위치에서 꽃을 피워 보라.

고뇌

벽에 부딪친 것 같은

저 대지 위에
상상하며 눈을 살며시
감고 생각에 잠겨 본다

막막함과
나의 눈물을
저 대지 위에 뿌리고 싶다

지금 삶의 막막함
눈물겹도록 통곡하다

차라리
저 대지 위에 아니
넓은 대지 위에 막막함을
잊은 채,

숨을 죽이며 눕고 싶다.

핑크 돼지 외 1편

한 승 민

한겨울 고속도로
점점이 핑크빛 도는 돼지가 달린다

냄새 때문이었을까

난방을 해도 모자랄 고속도로 길에
칼바람에 내몰린 등만 핑크빛인 돼지들

어디로 가는지도 모른다

이미 칼바람 지옥을 느끼는데
도착지 따위는 알아서 무엇하랴

스스로 죽을 권리도 없는 처지

어쩜, 이미 영혼은 얼어
냉동인 채로 그냥 잠들어 있을지 모른다.

무인도

애초에 아무것도 없었던 건 아니다
둥지도 있었고 이웃도 있었다

해가 아주 여러 번 바뀌어 둥지가 낡고
모든 것이 변하기 시작했다

무슨 까닭인지 살아 있는 모든 것들이
소리 없이 하나, 둘 사라지기 시작했다

무언가 있을 것 같은 섬, 그러나,
비를 맞는 건 혼자일 뿐이다

돌아올 이 아무도 없는 빈 공간
시원한 비 한줄기 더 세게 내리길 기다린다

거기 흠뻑 젖은 아버지가 서 있다.

밤낚시 외 1편

한 재 만

잠을 이루지 못하여
불연히 밤낚시를 갔네

별들이 먼저
수련 꽃 잠든 호수에 내려와서
가만히 은빛놀이를 하고 있었네

별 하나 건져 올려
밤이 새도록 사랑놀이를 하며

맴맴, 매암을 돌리다가
별의 둥근 눈빛이 되고 말았네.

겨울 들판에서

또 다른 겨울 들판에 서 있는 것은 나의 의지가 아니었다
단단히 옭아맨 어떤 낯선 끈에 이끌려 나온 이마빼기가 몹시
차갑다 외투 깃 속으로 목이 움츠러들었다 내 육신을 이렇게
바람 앞에 세우는 혁명의 그것은 언제나 젊고 단호했다
쉽게 깨어질 것만 같은 침묵의 하늘에는 영혼들이 반짝였다
모두 들어와 박히는 나의 두 눈동자는 오직 창문이었고 태초
부터
날개는 없었다 이파리는 늙은 나무에서 모두 떨어져 나갔다
어둠의 바다를 유영하는 이곳이 어디인지 알 수 없다 지금 서
있는
이 다양한 풍경에서 빈틈을 섬세하게 묘사할 궁리를 한다
순간의 증명이란 어리석다 그러나 무기력한 일상의 마지막
절정을 맞이하는 것은 더욱 비겁하다 여기에 그대로 있을 것
인가
바람은 대답이 없고 발 앞에서 늙은 나무가 뿌리째 흔들렸다
들판 위를 꼿꼿하게 흘러가는 거대한 하늘을 보면서 늘 어둠은
심오하다고 소리칠 뻔했다 그때 붉은 맨발의 새가 휙 지나갔다
이미 끈은 빠르게 되감겨지고 이마빼기는 어둠에 젖어 있다

10대의 그날들 외 1편

허 만 길

몰래 불타는 가슴 아침 해는 알아줄까,
새벽 안개 헤치며 산등성일 올랐어요
루비보다 영롱한 햇살 상쾌는 하나,
정열도 아픔도 가늠 길은 없어
풀잎 이슬 볼 부비며 날 달랠밖에.
소나기, 소나기, 소나기는 어디메.

몰래 애타는 마음 노을은 알아줄까,
파란 풀밭 석양 혼자서 걸었어요
겉으로 타드는 저녁놀 시원은 하나,
젊음도 고독도 재울 길은 없어
어둠 속 밀어 찾아 날 헤맬밖에.
소나기, 소나기, 소나기는 어디메.

고향 사람들

달리는 차창의 먼빛은
불빛이 아니었다
참기름 고소한 나물 비빔밥처럼
정을 섞는 고향 사람들의
따스한 얼굴빛이었다

줄줄이 창가에 부딪는
하얀 빗방울에는 고향 사람들의
발간 수박 속살 같은
맑은 미소가 향기로웠다.

전자키 외 1편

홍|계|숙|

하루에도 몇 번씩
딩동댕, 소리
그 소리 뒤에 숨어 있다 나타나는
반가운 모습들

예전엔 어미 손길이 그리워서 콜록거리는 목소리였지
과거엔 어미 밥이 그리워서 허기진 목소리였지
허공에 전자음 울려 퍼질 때마다
멀쩡한 무릎에서 관절 닳는 아픔이 느껴진다

그립다,
목소리, 목소리 속에 흐르던
사랑,
사랑.

하늘공원

노란 햇빛 눈부신 날
흔들리는 마음 배낭에 담고
지그재그 구십일 계단 오를 때
수줍은 들꽃 배시시 인사를 하네

푸른 하늘 휴식하는
갈대밭 융단 길 따라
추억 심는 연인들
행복에 젖어 사랑을 노래하네

먼 길 떠나는 나뭇잎들
바람에 날리고
빙빙 도는 비단잠자리처럼
동그라미 그려도 지치지 않는 곳

하늘공원
낙엽의 눈물 닦아 주고 돌아오면서
가을을 위로하는 시 한 줄
구름 위에 살짝 올려놓았네.

느티나무 그늘 안에서 외 1편

홍 병 선

날마다 찾아가는
저 어린 느티나무가
벌써 하늘을 덮어 가고
그늘 속에 나를 품어 주는데
나의 무엇을 하느라
염원 하나도 이루지 못하며
세월만 보내고 있는지
허공에 꿈을 펼쳐 가면서
방황하던 세월은
모두 어디에 있으며
가꾸던 그 꿈들은
모두 어디를 방황하는지
아직도
찾아오지를 못하는가.

뭣에 쓰려고

결국은 공계로
돌아갈 인생
자취는 사라져 없어져도
혼은 지킬 수 있지 않을까 하여
공허한 것을 극복하면서
시를 쓴다고 하나
참으로 어리석은 일이 아닌가
무엇을 안다고 그렇게 믿는지
이래도 허무하고
저래도 허무하지만
없는 것보다 있는 것이
그래도 나을 것 같아서
시의 흉내를 내가며
시란 걸 쓰려고 하지만
그것조차도
마음대로 되던가.

한국시인연대상 운영에 관한 세칙
한국시인연대 제13대 임원

한국시인연대상 운영에 관한 세칙

1. 시상 일시
    본상은 매년 1회 5월에 시상하는 것을 원칙으로 한다.

2. 심사위원
    ① 본상의 심사위원은 6인 이내로 구성한다.
    ② 당해년도의 본 협회 회장단 및 사무국장은 심사위원이 될 수 없다.
    ③ 심사위원은 회장단과 사무국장의 협의를 거쳐 회장이 위촉하며 수상자 결정까지 그 명단을 공개하지 않는다.

3. 수상 후보자
    ① 수상 후보자는 문단 등단 10년 이상인 분으로서 심사 대상 기간 중 창작 시집을 간행한 분을 대상으로 한다.
    ② 본상을 수상했던 분은 다시 수상 후보자가 될 수 없다.

4. 수상 대상 기간
    기간은 각년도 1월부터 12월까지 1년 동안으로 한다.

5. 수상자 선정
    ① 수상자는 약간 명으로 한다.
    ② 수상자는 심사위원 전원의 합의에 의해 결정하며 합의되지 못할 때에는 다수결로 할 수 있다.

6. 시상
    수상자에게는 본협회 소정의 상품과 상패를 수여한다.

7. 기타
    본 세칙은 1993년도부터 시행한다.

(사)한국시인연대 제13대 임원

회　　장　최홍규崔鴻圭

고　　문　최승범　채규관　오칠선
　　　　　장현기　정순영　이진석
　　　　　박근모　우성영　최종복

부 회 장　김성일　박현조　이근모
　　　　　손수여

중앙위원　권영주　박건웅　이명우
　　　　　정창운

이　　사　공정식　김경언　朴英淑
　　　　　이한식　장재관　정진희
　　　　　최현희　홍계숙

한강의 음유(吟遊)

초판발행/ 2017년 3월 20일
지은이/ (사)한국시인연대 최홍규 외
펴낸이/ 김명덕
펴낸곳/ 한강출판사
홈페이지/ www.mhspace.co.kr
등록/ 1988년 1월 15일(제8-39호)
주소/ 서울시 종로구 인사동길 5, 408(인사동, 파고다빌딩)
전화 02) 735-4257, 734-4283 팩스 02) 739-4285

값 35,000원

ISBN 978-89-5794-361-8 03810

※저자와의 협약에 의해 인지는 생략합니다.